力量训练指南

基于举重与力量举训练经验的体能训练体系 （第 3 版）

[英] 格雷格·谢泼德（Greg Shepard） 金·戈斯（Kim Goss） 著 林子易 蔡旭明 译

人民邮电出版社

北 京

图书在版编目（C I P）数据

力量训练指南：基于举重与力量举训练经验的体能训练体系：第3版 /（英）格雷格·谢泼德（Greg Shepard），（英）金·戈斯（Kim Goss）著；林子易，蔡旭明译. -- 北京：人民邮电出版社，2020.5（2023.7重印）
ISBN 978-7-115-52434-8

Ⅰ. ①力… Ⅱ. ①格… ②金… ③林… ④蔡… Ⅲ.①力量举—运动训练—指南 Ⅳ. ①G884.32-62

中国版本图书馆CIP数据核字(2019)第258609号

版权声明

免责声明

本书内容旨在为大众提供有用的信息。所有材料（包括文本、图形和图像）仅供参考，不能替代医疗诊断、建议、治疗或来自专业人士的意见。所有读者在需要医疗或其他专业协助时，均应向专业的医疗保健机构或医生进行咨询。作者和出版商都已尽可能确保本书技术上的准确性以及合理性，并特别声明，不会承担由于使用本出版物中的材料而遭受的任何损伤所直接或间接产生的与个人或团体相关的一切责任、损失或风险。

内 容 提 要

本书为各个体育项目的运动员及爱好者提供了基础体能训练指导。作者格雷格·谢泼德（Greg Shepard）博士和金·戈斯（Kim Goss）基于执教高水平举重、力量举运动员的经验，开发了"更大、更快、更强（BFS）"运动表现提升项目。在本书中，他们以该项目为核心，为读者提供了专业、系统、详细的力量训练及速度、敏捷性和柔韧性训练指南，包括关键性举重练习及其变式和辅助举重练习的技术详解及速度、敏捷性和柔韧性的发展策略等。通过阅读本书，读者将充分了解这一结合其他身体素质训练的力量训练体系，掌握重要的举重技术，均衡发展多项身体素质，从而打好体能基础，不断提升运动表现。

◆ 著　　[英] 格雷格·谢泼德（Greg Shepard）
　　　　　金·戈斯（Kim Goss）
　　译　　林子易　蔡旭明
　　责任编辑　王若璇
　　责任印制　周昇亮
◆ 人民邮电出版社出版发行　　北京市丰台区成寿寺路 11 号
　　邮编　100164　　电子邮件　315@ptpress.com.cn
　　网址　http://www.ptpress.com.cn
　　北京虎彩文化传播有限公司印刷
◆ 开本：700×1000　1/16
　　印张：14　　　　　　　　　　2020 年 5 月第 1 版
　　字数：213 千字　　　　　　　2023 年 7 月北京第 5 次印刷
　　著作权合同登记号　图字：01-2018-2764 号

定价：78.00 元
读者服务热线：(010) 81055296　印装质量热线：(010) 81055316
反盗版热线：(010) 81055315
广告经营许可证：京东市监广登字 20170147 号

目录

第4部分　项目管理

译者序

作为身体训练行业的从业者，从竞技体育运动队的体能训练师，到大众健身一线的私人教练，我们经常在一个行业的两个领域内进行身份的转换。在长达数年的一线实践中，我们发现这属于一个行业的两个领域在训练方法上存在着千丝万缕的联系。首先，力量训练都是基础，都是重中之重。大众健身的形体塑造离不开力量训练，而对于竞技体育非常重要的爆发力提升和伤病预防来说，力量训练更是发挥着无可取代的作用。其次，柔韧性训练也都是两者不可或缺的。筋膜的粘连会使个体的肌肉失衡、体态异常且关节活动受限，影响普通人的身材和日常活动表现，也影响运动员的运动表现和竞技成绩。

因此，服务运动员和大众时，我们常常面对很多共性和个性的问题。解决这些问题，我们既需要了解人体、掌握身体训练的科学原理和方法，又需要结合服务对象的训练目标和水平选择合适的方法、设计合理的方案。这一切既离不开科学研究和理论学习，也离不开案例学习和实践探索，而阅读则是帮助我们获得相关知识的最快途径。有人说："我们看书学习，并非完全基于天性，而是为了保护自己。我们从书中学习前人的错误和教训，以减少自己犯错的概率。"在体育领域，由于缺乏相关知识而错过最佳训练时间或经历不可逆的严重伤病的例子数不胜数。因此，从书中获取正确的训练知识实在是性价比最高的不断提升自我、解决问题的方法。

现在呈现在你眼前的这本书就为所有从业者提供了相关指导。这本书围绕著名的"更大、更快、更强（BFS）"运动表现提升项目展开，该项目的开发者拥有丰富的体能训练实践经验，培养了很多精英级的举重、力量举运动员。这一项目的名称揭示了"绝对力量"的重要性、"绝对力量"与"速度"的关系及二者对运动表现的决定性影响，并向我们展示了它独有的体能训练体系——以力量训练为基础，结合其他素质训练——这既为我们提供了有效的训练方法，也为我们提供了更多元、开放的训练思维。

很荣幸能和优秀的身体训练行业从业者蔡旭明先生共同翻译这本书。衷心地希望这本书所呈现的经多个项目的众多顶级运动员验证有效的训练方法，能让更多专业运动员、运动爱好者及有身体训练需求的普通人受益。愿书中对于举重技术的详细讲解、对于力量训练和速度、敏捷性、柔韧性训练的统筹安排及训练项目运营和管理的思路能为在身体训练行业扮演不同角色的每个人带去思考。

引言

格雷格·谢泼德（Greg Shepard）博士开发了更大、更快、更强（Bigger Faster Stronger，BFS）项目。他曾当过高中教师、大学教师及专业的力量教练。1979年，鲍勃·罗博特姆（Bob Rowbotham）以实践导师的身份加入该项目，随后成为总裁，接管了项目，再之后成了CEO。尽管自从谢泼德教练向其他教练和运动员分享他的训练方法以来，运动和体能领域已经得到了长足的发展，但是BFS所秉承的原则并没有改变。罗博特姆教练对此深信不疑。

感谢布鲁斯·克莱门斯（Bruce Klemens）提供的照片

BFS项目基于对乔恩·科尔（Jon Cole）等精英田径运动员的训练。科尔是世界级投手，他曾打破力量举比赛的世界纪录，并参加过奥运会举重比赛

"起初，BFS项目与世界级田径运动员和其他一些水平超常、力量和爆发力突出的运动员合作。公司刚起步时，使用力量房的只有橄榄球运动员和投掷项目的田径运动员。因而，人们曾一度认为BFS是一个橄榄球项目，我们用了很长时间才改变了人们的这种看法。"罗博特姆说。

除了为教练及其运动员提供体能训练实践课外，罗博特姆及其工作人员还通过参加州级、国家级体育组织（如美国健康和体育教育协会，SHAPE America等）举办的会议来宣传BFS。BFS不仅满足了运动员的需求，而且满足了身处健身导向环境中的个体的需求。运动教练、力量教练和体育指导员看到了在这样一个统一的项目中共同工作的益处，BFS的吸引力日益增强。罗博特姆表示，他也很高兴地发现BFS的原理已经通过科学研究得到证实，例如六角杠硬拉优于直杠硬拉。

罗博特姆很快注意到需要一个教练资格认证计划来进一步运营这个统一的项目。他说："我们的资格认证始于2005年，这一方面基于对在学校训练的安全与责任的担忧，另一方面因为越来越多的其他项目的运动员和上体育课的学生会去力量房进行力量训练。这方面的问题最好在专门针对项目管理人员的研讨会上而不是在面向教练和运动员的实践课上被提出和解决。"

当被问及在过去的10年里学校体系内发生了什么变化时，罗博特姆回答："最大的挑战之一是课程结构。现在对体育教育的重视程度远不及20年前，有些学校整整4年只有一个学期设置了体育课，还有的学校则完全把体育课变成了选修课。从以往的经验来看，如果纠正了人们的这种错误观念，那么力量训练将成为体育教育中最受欢迎的课程之一。结合运动队环境发展选修项目的学校将是BFS发展最快的地方。"

随着当今体育界的竞争越来越激烈，罗博特姆认为运动员进行力量训练变得尤为重要。他发现，"教练、运动员及其家长都已明白这一点。他们也明白，力量训练只是运动员获得均衡发展的一部分。与其他体能训练结合的、能随着时间推移产生进阶式效果的力量训练是BFS成功的关键。"

大约15年前，BFS项目引入了一个被称为"六原则"的教学概念。罗博特姆说："六原则通过确保每个人在进行最佳技术教学时使用相同术语来提高教练质量，它不仅能用于力量房教学，而且能用于运动表现训练。它还创造了一个重复性的教育环境，使教学更加高效。这在与大批运动员合作时尤其重要。"

罗博特姆相信认证项目有助于填补学术方面的空白。"与我交谈过的所有接受过大学教育的教师都说，他们不准备在力量房授课，尤其在开始和实施时。我认为这是我们BFS的员工做得最好的事情之一。我们帮助教练的教练，通过展示如何帮助教练和教师实施我们的项目来做到这一点。"

近20年前，BFS项目引入了"成为11"项目。它是一个4小时的个性教育和目标设定项目，通常被安排在周五晚上的实践课之前。在我们创造出"成为11"这个术语之前，我们用1级到10级衡量运动员的表现，这对于年轻人而言很容易理解。虽然这个项目涉及方方面面，但关键是要教会年轻人如何做出更好的选择，不仅在运动中，更在他们生活的各个方面。

能展现BFS项目在教学中价值的一个例子是：一个高中教练在25年前开始参加罗博特姆讲授的实践课，一直延续至今，现在很多课程由罗博特姆的儿子讲授。"当我参加第一堂实践课时，他（罗博特姆）告诉我BFS项目必须是强制性的，后来在他的努力下，这个项目扩展到整个学区，这正是在马里兰州发生的事情。现在该模式已被其他学区纷纷效仿。"

罗博特姆全权负责公司的经营，为了顺利完成这项工作，他让儿子约翰（John）也参与其中。约翰现在是BFS的总裁，20世纪90年代，他曾就读于犹他州的天际线高中，当时这个学校在犹他州赢得足球比赛的次数最多。约翰可以说是BFS项目的代言人，因为该项目贯穿了约翰的整个运动生涯。约翰上高中的时候，罗博特姆在地下室建了一个力量房，对他进行全年不间断的训练。约翰的队友们在约翰身上看到了BFS项目训练的成果，因而也加入了这个项目。约翰高中毕业后，罗博特姆每年都会邀请8名运动员和约翰一起训练。

尽管作为BFS的首席执行官，罗博特姆大部分时间都在负责BFS的工作，但他仍然参与了认证项目，并向大家宣传BFS主要是为运动员和注重身体健康的个体而设的项目。橄榄球仍然是该项目的主要市场，但是现在随着体育教育日益引起运动员的关注，BFS也逐渐得到更多认可。

"BFS始于竞技体育运动环境，但是，不<u>止</u>如此。我们关心所有年轻人的身体状况，甚至包括那些不参加体育活动的人。我们的座右铭之一是'教练帮助教练'，我们也在认真践行。我们的根本目的在于帮助孩子们提高水平。"

无论你是教练还是运动员，本书都将指导你逐步执行BFS训练项目。本书首先讲解了BFS的训练原则，然后讲述了具体训练方法。虽然本书后面的部分主要为教练和学校管理人员编写，但是也包含了对所有运动员都有价值的信息。

在过去的40年里，BFS的全部实践课、"成为11"研讨会和资质认证的数量超过15 000次。它的受欢迎程度如此之高，以至于整个学区都将它用于体育教育和运动训练；更重要的是，它有助于训练身体健康的运动员，这些运动员也已经接受了该教育项目的目标。BFS已经过时间考验，是一个实用性极强、效果极显著的项目。它已经帮助了成千上万的运动员，也将会在你的身上产生显著的效果。

第1部分

项目概述

第1章

统一的训练方法

更大、更快、更强（BFS）项目的一个独特之处在于统一，这也是这一运动项目成功的主要原因。统一是指所有公立学校的运动员都应该遵循相同的基本训练理念。

我们认为，所有的年轻运动员，不论是足球运动员、篮球运动员、游泳运动员，还是高尔夫球手，都应该进行同样的关键力量训练。他们也应该进行相同的速度、柔韧性和快速伸缩复合训练。这样做不仅让项目更易于管理，也让这个项目更加完善。

我们认为所有的初中、高中和许多大学也应该统一训练方法。这样组织可以减少重复教学的时间，避免许多管理上的混乱和个性冲突，并且提高运动员的表现水平。鉴于当前预算削减、教练和体育教学人员减少，让所有运动员全年都进行同样的训练项目能节约教授新的训练项目所需的时间。

过去，许多高中的体育部和运动部常常存在利益冲突，彼此都不愿与对方有任何瓜葛。但今时不同往日，高中的资金预算紧张，员工数量减少，双方互相妥协不可避免。体育部和运动部必须合作，而最好的办法便是实施统一的项目。

对于全能运动员来说，最让人头疼的问题之一就是他的每个教练都会为他制定不同的体能训练计划。我们走访了许多高中，发现足球教练都会让自己的运动员进行高强度的自由力量训练，而女篮教练则只借助器械，很少组织力量训练。他们会说："我的女孩们被自由重量训练吓到了！"因此，他们会降低力量训练的难度。我们也见过一些年长的棒球教练，他们会警告球员："力量训练会让肌肉僵硬！"

如果教练们采用BFS训练项目，那么所有运动员都需在整个学年和整个夏季进行相同的基本训练项目。如此一来，上述矛盾就不复存在。在BFS训练项目中，教练们开始互相合作，运动员也更容易达成目标。这就是为什么当我们使用这样一个统一的项目后，运动员的进步会大幅提升。

小学项目和中学项目

BFS项目的实践课不仅仅教授重复次数、组数及练习规范。我们的实践导师还会指导教练和管理人员如何统一运动项目，使其涵盖所有的运动种类，并适用于7年级到12年级的所有男女运动员。我们从1977年开始实施这些实践课，如今人们对此仍有需求。

BFS认证协会教授教练和体育教育人员如何统一运动和健身计划

为了让术语简单易懂，我们为学校提供了两个选择：参考BFS项目中的训练名称，或以各自学校的吉祥物命名训练。假设团队的吉祥物是一只老虎，那么每位运动员都需做老虎伸展运动。老虎队还将有统一的速度、热身、耐力、敏捷度、快速伸缩复合训练和力量训练计划。这样训练就会简单、易操作且很有效！

在"统一"原则的指导下，一个需参与两项或三项运动的老虎队运动员可以顺利、无间断地从一项运动的赛季转到下一项运动的赛季。下面我们以一个也在篮球队的橄榄球运动员为例。参加完橄榄球的赛季后，该运动员不需要等待四至六周再开始篮球运动专项力量训练计划。他只需继续进行老虎队的赛季中训练项目。老虎队运动员不用参与老虎队的篮球赛季中训练项目，只需参与老虎队的赛季中训练项目，非赛季训练同样如此。

目前，BFS项目已经见证数个学区的20多所高中及其附属中学将运动训练课和体育课统一起来。这样做是因为，如果一位年轻男性/年轻女性在大一或大二时决定不参加运动训练，而他/她在大三或大四时，又想重返训练，那么训练情况可能不会太理想；然而，如果他/她参加了如BFS这样的体育健身项目，那么他/她将保持较高的力量、协调性和其他基本的身体素质水平，可以轻易地重返体育训练。

中学运动员也遵循同样的训练原则。在他们掌握了训练技术并学会如何区分后，七年级的学生可以进行和高中运动员一样的训练。由于高中的竞争环境更加激烈，运动员必须尽快进入力量房训练，以免落后。想想那些在BFS项目中成长和发展的孩子进入高中时的优势吧！

除了带来身体上的益处外，体育健身项目也能带来心理上的益处。戴维·施莱诺夫（David Schlenoff）是一名获得BFS认证的心理学家，他对参与BFS项目的女高中生进行了一项研究，其结果发表在2012年1月的BFS杂志上。人格测试采用的是皮尔斯-哈里斯（Piers-Harris）儿童自我意识量表，它能洞察个体的自我意识，经常被用来识别需要帮助的孩子。施莱诺夫发现，参与BFS项目的女孩在很多方面都有了显著进步，比如更加快乐、与人相处的能力提高及生活态度更加积极。

BFS项目的运动员进行轻力量训练，学习举重技术

大学项目

　　许多大学都有优秀的体育训练计划，所以如果认为BFS项目是全美参加一级联赛（Division I）的大学的最佳体育训练项目，则未免有些过于大胆。参加一级联赛的大学的运动员通常只参加一项运动，需要进行比BFS项目更复杂、更专业的体能训练计划。然而，较低级别的大学，如参加三级联赛（Division III）的大学，可能更适合使用BFS项目，原因在于这些学校的许多学生都参与多项运动。

　　对教练而言，BFS项目也很容易实施，而且对于那些没有全职力量教练来为每项运动开发专项计划的小规模大学尤为重要。

　　参加一级联赛的大学的运动员经常自发地去训练，因为倘若不努力训练，他们则有可能失去奖学金。那么那些没有能力参加下一级别的比赛，只是为了兴趣而参加体育活动的高中运动员呢？年轻男性和女性中有很多人很早就不再参与有组织的体育活动——据估计，70%的人在13岁时就会退出。对这些人而言，BFS项目是一个很好的选择，因为这些训练是为了让人们每天都有更多的自信，从而自愿参与其中。他们越来越想努力训练，而非放弃训练。

对于学校来说，最糟糕的是每个运动项目的每个教练都有自己的体能训练计划，教练们的训练理念可能完全相反。有时每个主教练都有自己的想法，它们之间会产生强烈的冲突，导致运动员手足无措，不知道该去执行谁的命令，使得他们难以团结一致赢得比赛。在BFS项目中，各项运动的训练衔接得当，所有运动项目的训练合并成一个易于管理的系统的体能训练计划。

BFS项目结合了世界各地体能训练计划的最佳要素。该项目意识到精英运动员、职业运动员、大学运动员与高中运动员之间的巨大差异。无论是在赛季中还是非赛季，BFS项目都非常适合训练数目庞大的男女运动员，且适用于各级、各类学校，可以应用于参与单项或多项运动的运动员的训练和体育课。因其结构统一，BFS项目提高了运动员的运动自信和参与意愿。总之，统一的训练方法只会带来益处！

第2章

BFS转化组数－次数系统

许多力量教练，尤其是那些大学教练，常常会强调运动员进行周期化训练的重要性。简单来说，周期化训练就是疲劳管理。换言之，这一计划是训练的设计过程，运动员不会因需要进行很多训练而不知所措。

周期化训练的另一个特点是，不断重复特定的训练阶段。在每个训练阶段，我们只强调一个（或几个）运动特质。在力量房中，我们可以通过改变运动项目、重复次数和组数等变量来训练某个运动特质。例如，多次重复一组动作可以训练肌肉质量和肌肉耐力，而减少重复次数则可训练力量。

我们设计BFS转化组数－次数系统可以最大限度地平衡运动结构与运动种类，这样能确保运动员在每次训练时都可以打破自己的运动纪录——而非每月或每周一次。这种方法可以达到让运动员自我激励的效果，因为不断的进步能够激发运动员或学生们更加努力训练的热情。

BFS项目能确保运动员在每次训练时都可以打破自己的纪录

BFS转化组数-次数系统是基于内分泌学家汉斯•塞利（Hans Selye）的开创性工作而设计的。塞利研发了一个身体适应压力的模型——汉斯•塞利一般适应综合征。塞利发现当一个人承受压力时（力量训练被认为是一种压力），身体会通过几个阶段来调整适应。这些阶段通常被称为冲击阶段、反冲击阶段、抵抗阶段和疲劳阶段（见图2.1）。

BFS项目为了迎合这一适应过程，要求年轻运动员必须每周改变训练项目的重复次数和组数。非赛季的BFS项目以4周为一个训练周期，在训练周期内每周训练项目的重复次数和训练组数都不一样，如下所示。

第1周：3×3。

第2周：5×5。

第3周：5-4-3-2-1。

第4周：10-8-6或4-4-2（高翻及六角杠硬拉）。

第3周的训练对神经系统造成的压力最大，因为重复次数减少时，会给运动员增加负重。为了避免训练过度，接下来的一周进入恢复期。因为此周多进行重复动作训练，所以给神经系统带来的压力最小，10-8-6的训练计划便是在恢复期进行的。在此周，周一、周三和周五进行力量训练，周二和周四进行速度、敏捷性和快速伸缩复合训练。

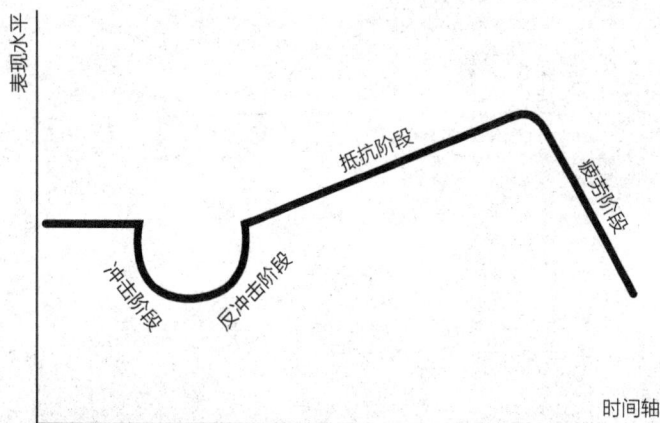

图2.1　汉斯·塞利一般适应综合征

　　使用BFS转化组数-次数系统的一个优点是，重复的训练周期有助于教练改进训练方法。教练如何确定训练是否有效？一种方法便是建立测试整体力量的关键举重力量。在力量房，训练上半身关键举重力量的方法是平板卧推，而训练全身爆发力的方法则是高翻。如果运动员在每个训练周期中的关键举重力量有所提升，那么教练的训练方法正确；如果没有取得任何进展，或由于某些原因运动员的关键举重力量表现更差，教练则需要对训练方法做出调整。也许某个运动员因握力不够，难以完成高翻或六角杠硬拉运动，那么该运动员应能够从前臂辅助举重中获益，例如农夫行走或弹簧握力训练。

　　BFS项目的优点之一是其具有灵活性，即教练可以给项目中增加他们认为对团队或个人有益的训练项目。例如，应给橄榄球、足球或摔跤运动员的训练项目中增加颈部辅助运动。由于与其他项目的运动员相比，篮球运动员脚踝受伤的风险更高，因而教练可以在周二和周四的训练中，用增强式斜坡训练代替原本的敏捷梯训练，以更好地训练运动员的敏捷性。

感谢布鲁斯・克莱门斯（Bruce Klemens）提供的照片

平板卧推主要用于训练上半身的力量。迈克・麦克唐纳（Mike MacDonald）是史上最伟大的平板卧推运动员之一，他创造了四种不同体重级别的世界纪录

　　当然，BFS项目为运动教练提供了运动方针，但最终教练能根据实际情况调整运动项目。表2.1是非赛季训练项目的框架，以及为篮球运动员设计的具体项目。

　　19世纪70年代末，BFS项目首次在高中实施时，课程主要是通过模块式安排来设置。一般一节课会持续45到55分钟，每周上三次，开设一个学期。BFS项目是为适应这样的安排而设立的，因其能改善运动员的表现并减少意外伤害，学生运动员从中获益甚多。最近我们对BFS项目进行了微调。

　　最受欢迎的一种课程计划类型是AB模块式排课。在AB模块式排课下，某堂课每隔一天上一次。例如，某种类型的课在某周上三次（A天），下周则只上两次（B天）。与传统的排课方法不同，AB模块式排课的特点是课时长但频次低。学生不是每天上六节一小时的课，而是上四节90分钟的课。

表2.1　BFS基本体能和篮球训练五天计划

周一	周二	周三	周四	周五
BFS非赛季项目（基本）				
点式训练	点式训练	点式训练	点式训练	点式训练
深蹲变化运动	冲刺跑	高翻	冲刺跑	半蹲
卧推变化运动	快速伸缩复合训练	六角杠硬拉	快速伸缩复合训练	平板卧推
辅助举重	柔韧性	辅助举重	柔韧性	辅助举重
柔韧性	敏捷性冲刺技术	柔韧性	敏捷性冲刺技术	柔韧性
BFS非赛季项目（篮球）				
点式训练	点式训练	点式训练	点式训练	点式训练
箱式深蹲	冲刺技术	高翻	冲刺技术	平行深蹲
毛巾卧推	跳箱	六角杠硬拉	跳箱	平板卧推
腿臀起	增强式斜坡	腿臀起	药球	直腿硬拉
硬推	推拉雪橇：相反方向	实力推	推拉雪橇：力量	爆发力平衡
爆发力平衡柔韧性	柔韧性	爆发力平衡柔韧性	柔韧性	柔韧性

　　2003年发表在*Educational Policy Analysis Archives*上的一篇名为"全天和可选模块式课程表对高中语言艺术和科学成绩的影响"的论文对传统和模块式课程表与可选模块式课程表的利弊进行了精彩的讨论。作者指出，对于某些科目，尤其是外语，课时越长似乎越利于学生的学习。此外，这种安排似乎对表现较差的学生更有利，教师们常常会给这类学生更多的关注。

　　遗憾的是，关于模块式课程表的研究并没有应用到体育课上，而主要集中在其他科目上。在传统的课程中，学生会将许多时间浪费在换衣服、洗澡和热身上。例如，在45分钟的课程中，关键和辅助举重的总时长会被减少到30分钟。因此，训练效果就会打折扣，如辅助练习被压缩、第二周进行3×5组练习而非5×5组等。此外，由于时间所限，教师往往会完全取消课程上的伸展练习，并希望学生在家能够约束自己加上伸展训练。

最流行的AB模块式课程表之一，是三节90分钟课程和两节90分钟课程交替进行。教练和体育教师调整BFS项目以适应这种安排的一种方式是：按照工作表的计划进行训练，将非赛季的训练周期从4周增加到5周。但是我们建议非赛季的训练和赛季训练交替进行（在第3章中讨论）。因此，第一周我们会让学生每周训练三次，下一周两次。但是训练组数和重复次数不变。

表2.2概述了传统的BFS非赛季训练计划。这个每周三次的计划将在AB模块式课程表的第1周和第3周执行。因此，学生会在第1周完成3×3的计划，在第3周完成5-4-3-2-1的计划。表2.3概述了BFS赛季中训练计划，该计划会在第2周和第4周执行。因而，学生会在第2周完成5×5的计划，第4周完成10-8-6计划（其中包括4-4-2的高翻和六角杠硬拉）。

表2.2　BFS非赛季训练计划

第1周和第3周的AB模块式课程表				
周一	周二	周三	周四	周五
深蹲变式	冲刺跑	高翻	冲刺跑	平行蹲
卧推变式	快速伸缩复合训练	六角杠硬拉	快速伸缩复合训练	平板卧推
辅助举重	柔韧性	辅助举重	柔韧性	辅助举重
柔韧性	敏捷性	柔韧性	敏捷性	柔韧性
敏捷性	技术	敏捷性	技术	敏捷性

值得注意的是，这个训练计划包含三个关键练习，而非赛季训练计划只包含两个关键训练。此外，在AB模块化排课下课程时间较长，因此可以加入敏捷性和灵活性训练。为了使训练顺利进行，可以利用多媒体工具（如组数-次数训练日志、计算机软件和智能手机应用程序）帮助学生掌握BFS项目。具体情况可以根据学生的学习风格和学校的预算而定。

表2.3　BFS赛季中训练计划

第2周和第4周的AB模块式课程表	
周一	周四
高翻	深蹲变化运动
深蹲变式	平板卧推
卧推变式	六角杠硬拉
辅助举重	辅助举重

值得一提的是，为了挖掘年轻人的潜力，BFS开发了一个名为"成为第11"的个性教育项目。这个项目鼓励学生运动员设定有价值的目标，包括运动目标和个人目标，并帮助他们制定运动计划来实现这些目标。BFS转化组数-次数系统适用于本项目。该系统让运动员遵循一个有组织和设计良好的训练计划，这样他们就可以通过打破个人纪录在每次训练中取得成功。这个方法很实用，可以让这些年轻的男女运动员获得自信。它还鼓励这些运动员进行团队合作，培养他们的领导能力。

在其他条件相同的情况下，运动员身体越强壮，获胜的概率就越大。当然，如果运动员在非赛季只关注力量举或健美训练，那么他们将会在与进行全方位训练运动员的比赛中处于绝对的劣势。运动员需要奔跑速度快、跳跃能力强、敏捷性高、肌肉耐力强，而最好的方法是应用BFS转化组数-次数系统。

第3章

BFS赛季训练

运动赛季开始了。你对你的力量训练项目有何规划？如果你的答案是"等到非赛季再说"，那么你的运动员将不可避免地失去他们能够在非赛季形成的优势。他们必须花时间进行力量训练。

正如第2章所讨论的，许多学校已经不再使用课时相对较短的课程安排，改为每周安排两三次课程的AB模块化排课方式。该模块化排课方式延长了课程时间，这对于进行像BFS这样的整体性训练是必要的。

相当多的研究表明，尽管训练时间大幅减少，但运动员仍能保持他们的力量。问题在于，要达到这些效果，训练强度（训练物的总重量）必须相对较高。针对有氧训练的研究也发现了同样的结果——短而艰苦的训练比长时间的训练更易让运动员重新恢复体力。

为了避免出现运动员已进步但仍训练过度的情况，BFS项目在保持高强度训练的同时减少了赛季的训练量。

田径投掷类选手需要在赛季中用尽全力举重才能发挥出他们的最佳水平。阿尔·费尔巴哈（Al Feuerbach）在赛季中完成奥举训练，成为前铅球世界纪录保持者，并赢得全国锦标赛冠军

赛季项目

　　如果一支球队只在非赛季训练，而没有在赛季训练，那么运动员在最后决赛中将会因为明显处于劣势，变得精神低落。相反，如果一支球队在赛季训练，那么运动员将会在最后决赛时充满信心，并且体能会比许多在比赛开始时表现好的球队运动员更好。以下哪个更好：在赛季初或季后赛时表现更强？运动员必须花时间进行力量训练。以下是一个成功的赛季训练计划的组成部分。

每周训练两次

在运动赛季，每周一次训练难以让运动员取得进步，而三次训练会让运动员产生疲劳感。为了不影响比赛状态，BFS项目对训练项目做了精心挑选。通过这些项目的训练，你甚至可以在比赛前一天进行训练。

晨练

如果可以，应在早晨上学前或午饭前的力量训练课中进行训练。正式训练开始之前或之后进行力量训练都有不利之处。你可以提前半小时起床举重（很多教练喜欢将其称为"晨练"），而非在正式训练之前或之后举重。

坚持30分钟

赛季的力量训练应控制在30分钟左右。记住，训练的目的是帮助你赢得比赛。赛季中，你必须把大量的时间和精力放在你的运动项目上，而非举重。一周进行两次30分钟的举重，总共一个小时就足够了，你能在这段时间里取得很大进步。

强调基本的BFS关键举重练习

在整个赛季中，如果你想要在半蹲、平板卧推、高翻方面取得进步，那就绝对不能停止训练。然而，你可以跳过许多辅助练习。计划如下。

周一	周四
高翻	深蹲变式
深蹲变式	平板卧推
板凳变式	六角杠硬拉
辅助举重	辅助举重

在赛季中进行箱式深蹲的好处是恢复快（见图3.1）。研究表明，训练中身体下降（离心收缩）对肌肉造成的伤害最大。运动幅度越大，身体向上时运用的肌肉量也就越多。箱式深蹲的重点在于在更小的运动幅度内使身体向上（向

心收缩），这样可使运动员保持力量水平而不影响恢复能力。你可以在周四的时候做大量的箱式深蹲运动，这不会对周五的训练造成影响。为了避免过度训练，一般男性运动员箱式深蹲的重量应控制在100磅（1磅约为0.45千克，余同）以内，女性运动员的应控制在75磅以内，物体较重会使脊柱承受的压力过大，使运动员难以安全地进行举重。

图3.1　能使运动员在赛季中承受力增强且不会使其在比赛时过度疲劳的动作：a. 箱式深蹲；b. 毛巾卧推 *

　　毛巾卧推是一个有效的赛季练习，因为它在减少压力的同时让运动员取得进步。毛巾卧推比普通推举对肩关节造成的压力小得多。你可以在比赛前周三或周四进行这项运动。

　　在赛季中，直腿硬拉的负重不宜过重，不超过半蹲负重最大值的30%。直腿硬拉主要是为了增加运动范围而进行的伸展运动，所以重物不宜过重。因此，大多数高中运动员应做两组运动，重复10次，负重应为55到135磅。直腿硬拉的主要目标是增强腘绳肌和臀大肌力量，并伸展它们。记住，这个练习对

---

*译者注：毛巾卧推，即在仰卧位，胸口垫厚毛巾，做半程卧推。

于提高运动速度至关重要。你不用将此练习穿插到正常的BFS组数-次数项目之中，因为一般不将其视为力量训练，因此它遵循不同的组数-次数规定。

只做3个正式组

按照BFS组数-次数系统进行赛季训练，过程如下。

第1周：3×3。

第2周：3×5。

第3周：5-3-1（一组动作重复5次，其余两组动作分别重复3次、1次）。

第4周：10-8-6（高翻和六角杠硬拉按照4-2-2训练）。

在第5周，重复第1周的训练，但要尽可能地挑战自己，多做几次。用同样的方法重复第2周的训练，以此类推。你可能会在一个赛季中完成三个完整的周期训练。

取得进步

大多数大学的力量训练计划只注重在赛季中维持运动员的力量水平，但高中阶段的力量训练却不尽然。大学力量训练侧重维持运动员的力量水平，这一点可以接受，因为大学运动员通常有很好的力量基础，因此在比赛中不会因力量不足受到太大影响。例如，一个大学橄榄球运动员要进行400磅的卧推，才能确保在赛季中维持他的力量水平。但对于16岁的高中生而言，200磅的卧推则完全足够。

另一个需要考虑的因素是，一名大学运动员通常只参加一项运动，而且休赛期很长。但16岁的高中生是否也是这样？如果他参加了几项运动呢？他应该怎么做呢？——一整年都保持不变？这会使其运动水平发展停滞。高中运动员应该努力在赛季中变得更强，不应该满足于维持现有水平。

但也应有例外。赛季前训练的运动员处于高压状态下，如橄榄球运动员一天要进行两轮练习，此时运动员的精神状态和体力状态都不佳，如果在这种情况下让他们进行举重练习，无疑会给他们带来太多的压力。

　　最后，我们还需要考虑到，并不是所有的运动员都必须在赛季中处于最佳状态。如一些红衫运动员及几乎没有机会参加比赛的大一新生。我们何不让这些运动员在力量房努力练习，以让他们在明年有一个良好的开端呢？

　　为了充分发挥自己的潜力，运动员必须花很长时间训练自己的运动项目。而为了确保练习时间充足，许多运动员会在赛季中忽视力量训练。这个问题很严重，因为如果被忽视，运动员在非赛季训练出的运动素质会在赛季逐渐消失。然而，每周进行两次短暂而高质量的力量训练，不仅能保持运动员的力量水平，而且能增加他们的力量。所以，请从赛季开始到结束时，都遵循这一章给出的建议，让自己更加强壮。

第4章

BFS准备项目

BFS准备项目是为那些还没有准备好参加应由身体更成熟的运动员进行的力量训练计划的人设计的。运动员完成BFS准备项目后，进行BFS组数-次数系统训练。本章为运动员和教练员概述了从哪里开始、如何进行练习、如何取得进步、如何将其他体育活动协调成一个整体项目及如何顺利过渡到BFS组数-次数系统训练。

谁应该使用BFS准备项目

虽然许多运动员能直接进行BFS组数-次数系统训练，但有的运动员更适合从BFS准备项目开始。

初中运动员

大多数七年级的运动员或进行体育训练的学生应该从BFS准备项目开始。一些骨科医生认为，这个年龄的青少年还太小，无法开始任何形式的力量训练。但研究结果并非如此，而且这个年龄的青少年进行力量训练利大于弊。

BFS准备项目是为初学者设计的，侧重于让初学者在接触举重时习得最优技术

　　如果没有进行力量训练，年轻运动员的运动潜能很难得到开发。不让年轻运动员进行力量训练，最主要的担忧是举重有可能会损伤骺板的发育。骺板受伤可能会导致骨畸形，但其在其他运动中出现的概率并不比在力量训练中出现的概率小。而针对力量训练会阻碍发育的观点，我们需要知道，骺板发育情况主要与激素有关，而非是否受伤。已故的运动科学家梅尔·西夫（Mel Siff）的博士论文研究了软组织的生物力学，他在论文中也谈到了这个问题。

　　西夫在他的 *Facts and Fallacies of Fitness* 一书中说："科学和临床从来没有证明，力量训练对身体所施加的巨大力量会对骨骺板造成损害。生物力学研究表明，简单的日常活动，如跑步、跳跃、击打或接球，比高强度的力量训练对肌肉骨骼系统造成的影响更大，而把重点放在儿童进行力量训练会有受伤的风险是极具误导性的。"

　　西夫还指出，骨密度扫描图已经证明，进行奥举（如抓举和挺举）比赛的青少年与不举重的青少年相比，骨密度更高，而临床研究并没有显示出力量训练与骨骺损伤之间具有相关性。西夫的评论得到了俄罗斯一项对年轻运动员实施的研究的支持。该研究发表在*School of Height*一书中，其结论表明，举重会刺激年轻运动员的骨骼生长而非抑制。

受伤风险是教练和家长关心的另一个方面。许多研究已经统计了与力量训练相关的受伤率与其他运动的受伤率。例如，2001年发表在*Journal of the American Academy of Orthopaedic Surgeons*上的一项研究显示，在5到14岁的儿童中，骑自行车造成的伤害几乎比举重造成的伤害高出400%。

研究表明，从事奥举比赛的年轻人与不举重的儿童相比，骨密度更高

2002年，*Strength and Conditioning Coach*刊登了一篇有关青春期前和青春期青少年耐力训练的评论文章。作者马克・希林顿（Mark Shillington）说，只有0.7%（1576名）的学龄儿童因训练耐力而受伤，而因踢足球、打棒球受伤的比例则分别为19%和15%。著名的骨科医生梅尔・哈亚希（Mel Hayashi）博士说："初中生从BFS准备项目中受益最多。如果运动员训练技术得当，则无须担心。"哈

亚希医生是奥运会的首席骨科医生，也是梅奥诊所（Mayo Clinic）的前首席住院医师。

事实上，力量训练和竞技举重都位于最安全的活动之列。著名的俄罗斯体育科学家弗拉基米尔·扎齐奥尔斯基（Vladimir Zatsiorsky）在 *Science and Practice of Strength Training* 一书中就力量训练所引发的危险说道："在一个各方面都完备的力量训练项目中，运动员受伤的风险约为万分之一。与打橄榄球、高山滑雪、棒球投球甚至短跑相比，力量训练几乎没有风险。"美国国家体能协会（National Strength and Conditioning Association，NSCA）是力量训练执业资格的管理机构，其1985年发表了一篇关于年轻运动员力量训练的文章，以及大量的文献综述。1996年和2009年分别对其内容进行了更新。作者说："……越来越多的研究表明，在适当的规定和监督下，抗阻训练可以为儿童和青少年提供独特的益处（Faigenbaum, et al., 2009）。"

BFS项目的成功和普及证明了早期力量训练的好处。若年轻运动员想朝竞技运动的最高水平努力，他们比往届冠军正式参加训练的时间必定要更早。这是取得成功的前提。随着参加竞技运动（包括橄榄球等接触性运动）的运动员的年轻化，他们的身体所承受的压力比之前的运动员要大。如果年轻运动员要承受这种训练带来的压力，力量训练则必不可少。

许多美国主要大学的力量教练被问及运动员何时应该开始力量训练时，绝大多数会回答："从初中开始。"此外，在东欧国家，运动员通常被要求在12岁时就开始力量训练。

奥举运动方面，最成功的教练是保加利亚的伊万·阿巴耶夫（Ivan Abadjiev）。2011年，在罗得岛州的一次研讨会上，教练阿巴耶夫被问及年轻运动员在什么时候可以开始进行力量训练，他的回答是8岁！

奥举训练可以从使用PVC管开始，这样有助于运动员习得举重的正确姿势

尽管BFS不支持这一建议，但它确实表明，在这一领域确实存在范式转移。事实上，在2014年全美举重锦标赛上，13岁的克拉伦斯·卡明斯（Clarence Cummings）以337磅的成绩打破了体重136磅的美国高级举重纪录。第二年，他又以385磅的成绩打破了体重152磅的世界青少年举重纪录！他现在是一名青少年世界冠军，也是世界纪录的保持者。

力量训练也是建立自信的最好方法之一。卧推时，一个七年级的学生将重量从85磅增加到100磅时所获得的满足感，和一个十二年级的学生将重量从285磅增加到300磅时的满足感是一样的。当然，严格的监管和适当的技术是使BFS准备项目在中学发挥作用的必要条件。

高中女性运动员

有些女孩进入力量房，和男孩一起进行力量训练——她们并不害怕。虽然她们使用的重量较轻，但重复次数与组数可丝毫不比男孩差。然而，经验告诉我们，如果多数高中女生参加BFS准备项目的力量训练，就能够更好地投入到训练中。这是因为与男孩相比，在参加这个项目之前，有过运动背景的女孩相对较少，而且大多还没有接触过短跑和跳远的基本知识。

高中男性运动员

如果一个男性运动员不能顺利完成10次145磅深蹲，则最好也参加BFS准备项目。在今年年初，会有约50%的九年级学生、10%到20%的十年级学生、5%的十一年级和十二年级学生参加这个项目。

受伤的运动员

受伤的运动员可能会发现，他们伤病恢复时，BFS准备项目会给他们的恢复带来非常大的好处。我们发现，参加过BFS准备项目的运动员比那些没有参加过BFS准备项目的运动员，或参加了其他项目的运动员更容易从伤病中康复。BFS准备项目的重复次数较多，但每个练习种类只进行两组。此外，我们会对受伤运动员的运动技术严格把关，且运动员负重较轻（因而不会过于疲惫），这让BFS准备项目成为帮助运动康复的绝佳项目。

BFS准备项目在中学阶段的应用

BFS准备项目在中学阶段的应用可以产生惊人的效果。该计划可以在体育课上与其他活动一起实施，也可以作为一个独立项目。家长和教练们常常惊讶地发现，这些年轻的运动员能很快从这个项目中获益。

力量训练

教练们只需用45磅的杠铃就可以教授BFS关键举重技术。尽管刚开始力量训练时，每周完成两个训练计划最好，但在实际执行过程中，我们以每周两到三天为一个周期。在一节40分钟的体育课上做3组关键举重练习很容易。第一天，做箱式深蹲、毛巾卧推及高翻；第二天，做平行深蹲、卧推及直杠硬拉。如果时间足够，还可以做辅助练习。

　　BFS准备项目的独特之处在于它允许增加磅数的标准。大多数项目都允许运动员在成功完成最后一组训练时，增加磅数。在我们的项目中，运动员不仅要成功地完成规定的组数和重复次数，而且完成的技术也要标准、无可挑剔。"胜利就是胜利"这句话不适用于力量房。如果完成举重的动作不标准，如蹲下时大腿没有与地板平行，那么该次举重则不能算数。如果运动员动作标准，且重复次数和组数达标，则接下来一周的训练中，可以增加5磅的重量。这个体系在训练早期能产生令人意想不到的效果。

　　从BFS准备项目中毕业时，男孩可以深蹲145磅，每组10次，做两组；推举105磅或体重的90%（以较轻者为准），每组10次，做2组。如果能做到这一点，五分之一的学生将在七年级结束时顺利通过BFS准备项目。通过后，他们开始进行标准的BFS项目。如果在整个中学时代都坚持使用BFS项目，那么许多男孩在进入高中之前都能卧推200磅，深蹲300磅（大腿与地板平行），高翻175磅。

柔韧性训练

　　应该每天执行BFS 1-2-3-4柔韧性项目（见第14章），还可以在家里进行该项目。训练柔韧性可以防止受伤，而受伤运动员的运动速度往往难以达到最高水平。在美国，几乎没有人在很小的时候就进行柔韧性训练。在中学和小学推行BFS项目则有助于学生获得这方面的优势。

敏捷性训练

　　BFS点式训练（在第13章中有详细的解释）可以在课程上作为热身运动，也可以在家里进行。如果一个13岁的孩子在50秒或更短的时间内迅速通过BFS点式训练，就很了不起。

速度和快速伸缩复合训练

　　任何年龄段的孩子都可以学会跑步的正确姿势，但是要怎么做到让自己的孩子脱颖而出？我们可以教七年级学生跑跳，也可以教小学和中学运动员纵向跳高和立定跳远。至于快速伸缩复合训练，我们没有理由不把基本的快速伸缩复合训练纳入整个中学训练计划。让中学运动员每周进行2次10分钟的快速伸缩复合训练，当他们进入高中时，便会体会到从中收获的巨大益处。

短跑技术训练

　　运动员的错误跑步姿势持续时间越久，就越难改掉坏习惯，难以习得正确的跑步技术。

　　若教练追求卓越，可以选择BFS准备项目，他们的运动员也会因此获得非常大的成就。某所高中每年招收1000个学生，其中会有25名运动员具备以下能力：最少完成300磅深蹲，且完成姿势标准（大腿与地面平行）；最少完成200磅平板卧推；最少完成175磅翻站及推举，且完成姿势标准。这些运动员将达到柔韧性好、快速伸缩复合能力强、跑步姿势正确的状态。这些能力给他们带来了非常大的好处，如自信、良好的运动习惯和正确的态度。

BFS准备项目：力量训练

　　为了将受伤的风险降到最低，教练必须教授正确的技术。在BFS实践课中，我们的实践导师不仅会教授运动员如何正确地举重，而且会指导教练如何正确地教授举重技术。正如谚语所说："授人以鱼，不如授人以渔。"以下是BFS准备项目力量训练的细节。

初始训练

　　开始关键举重练习时，推荐使用45磅重的奥举杠铃杆。对于一些运动员（尤其是女孩）来说，可能会用到15磅重的杠铃杆。不要担心负重太轻，没有挑战性。接下来我们将测试两方面的能力：第一，能否完成两组动作，并重复

5到10次；第二，能否以正确的技术完成组数和重复次数。你应该注重完成动作的规范性——运动员将有足够的时间在以后的运动生涯中变得更强。因此，如果45磅太重（可能是悬垂翻或卧推），则可以刚开始训练时减重。即使负重不够重，也不要担心，我们不在意从哪里开始，要的是到达终点。

取得进步

增加负重前，运动员必须要做到两点：（1）能够完成两组动作，重复十次（或重复五次，具体情况据练习本身而定）；（2）每次都标准地完成动作。达到上述两点要求后，下一周则可增加5磅重量。若不能达到上述要求，则不能增重。

年轻运动员准备举起较重的重量前，较轻的杠铃能让运动员专注于技术

　　所有运动员都必须在工作表上记录训练的日期（见图4.1），所有认真的运动员都会保留力量训练的记录。当从BFS项目毕业时，看到记录的这些数据，运动员内心肯定会充满自豪感和满足感。如果他们不能以正确的技术完成两组动作，且每组重复5到10次，就必须保持同样的负重，不能增加负重。

BFS 准备记录卡

姓名：
身高：
体重：
年龄：

磅数	箱式深蹲	毛巾卧推	高翻	六角杠硬拉	深蹲	平板卧举
15						
20						
25						
30						
35						
40						
45						
50						
55						
60						
65						
70						
75						
80						
85						
90						
95			女运动员毕业			女运动员毕业
100						

图4.1　BFS准备记录卡

判断技术

教练、家长或训练伙伴都应该对运动员的技术做出评判。运动员单独训练时，他们只能靠自己判断。每个人都应该和同伴一起训练的原因有：同伴可以激励、监督举重者，并对举重者的技术做出评判。

可以根据以上几点评判举重的质量。如果举重运动员在任何一组训练中违反规则，他们则有可能不会在下周取得进步。

平板卧推和毛巾卧推

运动员应完成2组动作，每组重复动作10次。评判标准如下。

- **与胸部接触。**如果杠铃没有碰到胸部，则不能作数。
- **平均伸展。**两只胳膊最好持平，但容许稍许偏差，因为运动员之间的身体结构差异可能会对动作产生些许影响。同时也要注意手肘的位置。有时，运动员会出现一侧手肘朝内、一侧手肘朝外的情况，此种情况不能作数，应告知运动员并端正其体态。
- **臀部朝下。**使用宽站距，双脚位于髋部下方，肩部受到朝向髋部的力，运动员将不太可能过度反弓及臀部抬离凳子。所有的举重者，尤其是年轻的举重者，都应遵守这条规则，因为这有助于运动员胸大肌的发展。

箱式深蹲

运动员应完成2组动作，每组重复动作10次。评判标准如下。

- **下背微倾。**下背固定，不能乱动。
- **在箱子上稍作停留。**运动员必须坐到箱子上，下背固定。如果运动员只是碰到箱子便立刻抬起，则此次不作数。
- **蹲起完成。**完成蹲起时，运动员必须踮起脚尖，以更好地模拟跳跃的动作。

深　蹲

运动员应完成2组动作，每组重复动作10次。评判标准如下。

- **下背微倾。**下背固定，不能乱动。

- **下蹲深度。**运动员必须蹲至大腿根部与地面平行。我们把这称为平行蹲或蹲平行。许多举重初学者会发现这一动作难度较大。

- **姿势。**姿势应标准，而非过窄或过宽。脚与水平面的角度不应超过45°。身体向上的过程中，膝盖不应离得太远（稍微内旋可以接受），否则不予计数。

高　翻

运动员应完成2组动作，每组重复动作5次。评判标准如下。

- **下背微倾。**处于起始动作时，下背应微倾。

- **加速。**运动员应该慢慢地把杠铃从地上拿起来，然后保持杠铃贴近身体跳起。肘部要高，下巴要远离胸部。

- **固定位置。**运动员必须把杠铃架在三角肌的正确位置。平衡杠铃需要把杠铃放在肩膀上，肘部抬高，双手放松，以减轻手腕和肘部的压力。

直腿硬拉

运动员应完成2组动作，每组重复动作10次。这主要是伸展练习，所以不必使用过重的重量。评判标准如下。

- **速度。**运动员应缓慢而有控制地完成举重动作。

- **重物选择。**不要使用重物——最重不应超过55磅。

组织工作

BFS准备项目只需45分钟，每周两次。最多五名运动员使用一个杠铃，其中一个人举重，三个人监督，另一个人做准备。运动员应按顺序轮换。如果该项目是体育课的一部分，那么在课上可将班级学生分成三组，每15分钟轮换一次。例如，第一组做关键举重，第二组做辅助举重，第三组进行敏捷性和跑步技术训练。为15名运动员实施这个项目准备的器械如下。

奥林匹克卧推机。

挂片式深蹲架。

深蹲箱。

3个300磅的奥林匹克杠铃。

训练片。

毕业要求

何时从BFS项目毕业取决于运动员的表现，而非年龄。有些运动员比其他人成熟得快，有些运动员学习能力强。在某种程度上，体格强壮、体重更重的运动员更易毕业。因此，体重较轻的运动员的毕业时间应由教练们判断。你将在表4.1中看到：男运动员必须能够完成145磅的深蹲，两组10次，每次145磅；女运动员必须完成105磅的深蹲，两组10次。45磅为初始重量，以每周最多5磅的速度增加。

表4.1　BFS项目毕业要求

项目	男性	女性
深蹲（两组，各重复10次）	145磅	105磅
卧推（两组，各重复10次）	105磅或体重的90%	75磅或体重的90%
高翻（两组，各重复5次）	105磅或体重的90%	75磅或体重的90%

　　毕业要求是根据深蹲、卧推和悬垂翻三种举重类型提出的。这些都是运动员职业生涯中会应用到的基本关键举重类型。一个运动员必须同时通过这三种测试才能毕业。虽然箱式深蹲、毛巾卧推及直腿硬拉都是重要的举重类型，但是都不包括在毕业要求中。

　　为顺利从BFS准备项目中毕业的运动员颁发奖品，会给毕业典礼增添一抹特别的色彩，并可以使运动员获得成就感。奖品可以是丝带、奖章、衬衫，或者只是把运动员的名字记录在册。

　　毕业意味着运动员已经准备好开始常规的BFS训练了，该项目需要运动员付出更大的努力。所有BFS项目会帮助所有运动员尽快发挥出自己的潜力。

第 2 部分

力量训练

第5章

完美技术六项基本原则

任何一个负责运动员力量训练项目的高中教练的办公室都可能会有一本关于生物力学的教科书，但这本书很有可能从来没有被翻开过。

这并不是因为教练们觉得已经掌握了生物力学的基本概念，不需要偶尔翻看复习，而是因为内容复杂，且脚注部分夹杂了很多很长的科学术语和数学公式，就好像是这些书的作者在督促阅读者去学习。这便是我们开发BFS项目完美技术六项基本原则的灵感来源。

六项基本原则是六个训练原则，它们在教授完美技术方面非常有效，不仅可以应用于力量房，还可应用于任何运动。掌握BFS项目完美技术六项基本原则的教练可以极大地提高运动员的力量和自己的指导能力。以下便是完美技术六项基本原则。

1. 眼看目标。

2. 使用运动或跳跃姿势。

3. 昂首挺胸。

4. 扩胸（固定下背部）。

5. 双脚对齐。

6. 双膝对齐（膝盖在脚趾正上方）。

举起最大重量要求运动员专注于完美技术六项基本原则，这些原则同样适用于运动训练和体育课程

　　六项基本原则如此有效，原因之一是它鼓励所有教练在教授力量训练和运动技术时使用相同的术语。毕竟，当运动员收到的指令在不断变化时，他们的执行怎么可能准确无误呢？指令的这种模糊性与开发统一项目的概念背道而驰。当学习深蹲时，不应出现一名教练说"展开胸部"，而另一名教练说"扩胸"的情况，这两名教练应统一术语，说"扩胸"。

　　让我们详细了解一下各项原则，从实例中了解如何将其应用于力量训练和运动技术的教学。

所有运动的教练都应该使用相同术语以避免运动员感到困惑，尤其是在训练从事多项运动的运动员时

1. 眼看目标

"看球"这个要求在高尔夫和棒球运动中经常会被用到，它也常被用于许多其他运动。例如，你是否经常看到接球手因为要确定自己跑动的方向，因瞬间没有看球而导致接球失误？尽管"看球"不在六项基本原则之列，但六项基本原则中的"眼看目标"与其效用类似，且同等重要。

在信息时代，教练们常常会接触到运动生物力学的各种详细知识。比如，完成高翻时，运动员通常可以将手腕稍微向下转动，胳膊肘朝外，从而使杠铃离身体更近。这些信息都很有价值，且决定成败的往往是这些小细节；然而，在运动员的技术尚未精湛前，教练应更关注基本技术。

"眼看目标"强调了将注意力集中在眼前目标的重要性。以橄榄球运动员开球为例，他需要把注意力集中在目标（即橄榄球）上，这样他就可以安全地接住球了。在锁定球后，球员又有一个新目标，即选择合适路线以免被拦截。同样，对于对方球员来说，目标是带球球员的下半身，而非上半身，因瞄准上半身并非拦截的最佳方式。但是也有例外。

比方说，在橄榄球比赛后期，你的球队（防守方）落后了，那么你就必须想办法为进攻创造时机。这时不应将目光集中在球员下半身，而是将注意力切换到球。虽然拦截很重要，但是要权衡的是，如果将目标转到球上，有可能造成对方掉球。让我们再看几个例子。

挺举时，为了确保技术完美，运动员通常会选择前方某个点，并在整个过程中将注意力集中在这个点上。这种做法便应用了"眼看目标"原则

打橄榄球时最危险的错误之一是低头拦球。抬起头，眼睛盯着你想要拦截的区域，这是最好也是最安全的方法。头低下时，脊柱是直的，它吸收冲击力的能力就会降低。这种压迫会导致脑震荡和脊髓损伤。而"眼看目标"可以避免这种危险的姿势。

有人说，在棒球比赛中，当球以很高的速度投出时，你不可能一直盯着它。这可能是真的，但"眼看目标"原则依然适用，实际上，美国大学和南加利福尼亚大学的研究人员发现，在投球过程中，击球手会从中央视觉切换到周围视觉。这种转换解释了为什么快速球看起来明显上升，而曲线球轨迹似乎被断开了。

眼看目标也是力量训练时一个很好的教学工具。练习深蹲时，运动员通常会被告知开始时要抬头看天花板，以使背部紧绷。虽然这种姿势一开始似乎很舒服，但当身体低到最低点时，则不尽然，因为当身体处于最低点时，几乎不可能一直盯着天花板上的那个点。结果，眼睛移向不同的目标，头也跟着动起来，身体的位置自然也就动了。所以举重时，教练应告诉运动员不要抬头或低头，而是直视前方，眼盯一处。

眼看目标有助于正确站姿的养成，尤其对防止或纠正圆肩效果明显。圆肩是指脊柱上部弯曲过度及肩部（通常还有头部）过于前倾的姿势。游泳运动员、摔跤运动员、体操运动员和那些经常在计算机前久坐不动的人经常会表现出这种姿势。圆肩会降低肩关节的灵活性，容易引发肩部撞击综合征和脱位。眼看前方是防止和矫正圆肩的第一步。

参加BFS项目的运动员非常了解这一点。在一天的训练结束前，只要听到教练喊"眼睛"，运动员们就能立刻表现出正确的姿势。眼看目标是杰出教练训练运动员的一个秘诀，有助于为运动员培养出强于对手的优势，所以要经常使用。

2. 使用运动或跳跃姿势

所有的运动都需要用到运动或跳跃姿势，我们将其统称为"使用运动或跳跃姿势"。

跳跃姿势是指双脚处于髋部正下方。双脚之间的距离取决于个人身高，但一般为6到8英寸（1英寸为2.54厘米，余同）。这是提高速度和产生跳跃爆发力的最佳姿势。运动员在进行纵向跳高或准备进行高翻或硬拉运动时会用到这种姿势。

在这些情况下最好使用跳跃姿势的原因是，如果双脚分开太远，运动员双脚从地面产生的力会在水平方向被分散，从而降低力量、爆发力和速度。你可以让运动员利用多种姿势纵向跳高并测量高度来证明这一点。

在运动姿势中，双脚的距离约与肩同宽——同样，具体距离需根据个人身高来确定，但一般情况下，它比跳跃姿势宽6到10英寸。要理解这种姿势为何重要，我们需要了解一下重心、稳定性和支持面等概念。

运动员的身体重心不一定在肚脐处。它是身体上的一个点，在头部和脚趾之间，在这一点上运动员的体重平均分布。你可能听说过为改变身体重心，篮球运动员会弯膝起跳，给人滞空时间延长的错觉。通过扩大双脚之间的距离，运动员的重心降低，这增加了身体的稳定性。

进一步增加稳定性的方法是增大运动员的支持面，也就是脚下及脚间的区域。在合理范围内，支持面越宽，稳定性就越强。因此，跳跃姿势的支持面越窄，就越不稳定，运动员就越容易失去平衡。

在运动中，运动员经常交替采用跳跃姿势和运动姿势。例如，在高翻或下蹲翻中，运动员以跳跃姿势为开端，在杠铃上施加最大的力量，然后双脚向外移动，形成运动姿势，以承受住重量。在网球运动中，运动员以跳跃姿势发球，以对球产生最大的爆发力，但在网对面的运动员需以运动姿势来增加稳定性，以备球击中网拍时具备更高的控制力。体能训练的一条首要原则是用运动姿势产生力量，用跳跃姿势产生爆发力。

让我们来观察这条基本原则如何应用于深蹲。深蹲中有三种基本蹲姿，分别是：健美姿势、力量举姿势和运动姿势。

健美姿势

健美运动员站立时，双脚间的距离不大，脚趾朝前，基本上呈跳跃姿势。有时健美运动员的脚跟下方会被放置一块木板，以使小腿下方被称为股内侧肌的水滴状肌肉更接近健美目标。相反，奥举运动员呈蹲姿时，会更多地使用运动姿势，假定在抓举或高翻处于低位时，会使用相同的姿势。然而，力量举运动员则有自己的姿势。

力量举姿势

力量举运动员站立时，双脚间的距离很大，脚趾朝外。因双脚间的间隔很大，所以并不能称之为运动姿势。这种姿势自成一派，我们将其称为力量举蹲姿。虽然这个姿势减少了来自股四头肌的爆发力，但它使力量举运动员能够举起更大的重量，因为这种姿势使他们更快地到达平行位置。但为了举起更多的重量，力量举运动员会使用任何有助于他们举起重物的姿势，即使这些技术中的一些并不能被应用于其他运动。例如，练习箱式深蹲时，许多力量举教练都建议运动员让小腿垂直于地面——虽然这个动作并不会在其他运动中用到。

运动姿势

　　每当我们听到力量教练谈论蹲姿，或参加与蹲姿有关的研讨会时，专家们总是会说"使用与肩同宽的站距"（见图5.1）。教练指导运动员时，为方便起见，通常会说保持"运动姿势"而非"双脚与肩同宽"。同样，教练也会说"跳跃姿势"，而非"双脚与髋同宽。"

　　进行力量训练时，你应该为每个练习选择合适的姿势。如果在教学过程中，所有教练都能使用相同的术语，那么在各项体育运动间的转换会更容易，运动员也不会对教练教授的内容感到困惑。

图5.1　跳跃姿势是展示跳跃能力的最佳姿势，而这里显示的运动姿势则为深蹲提供了最佳杠杆

3. 昂首挺胸

　　父母经常告诉他们的孩子，标准的站姿或坐姿是身体挺直、不耸肩。而医学界对标准姿势的定义更为精确。1947年，美国矫形外科医师学会（American Academy of Orthopaedic Surgeons）给出的定义如下：

　　　　标准姿势是肌肉和骨骼平衡的状态，它保护身体的支撑结构不受伤害或出现畸变现象（在直立、仰卧、蹲下、弯腰等任何姿势下）。在这样的条件下，肌肉将发挥最有效的功能，并让胸部和腹部器官处于合适的位置。

　　换言之，良好的姿势可以改善身体健康状况和运动表现，减少受伤的风险。若运动员重心稳定，则不易倒下，运动表现也会较好。为了确保运动员有良好的姿势，BFS鼓励运动员昂首挺胸（见图5.2）。

图5.2　运动员在完成哑铃弓步下蹲的过程中，遵循了"眼看目标"和"昂首挺胸"的原则

　　无论是走路、冲刺、举重、伸展还是坐着，运动员都需要一直昂首挺胸，这能让运动员的体态产生显著的改变，从而改善运动员的运动表现并减少其受伤风险。

　　运动员可以根据如下方法测试自己是否昂首挺胸。脚跟、臀部、背部、肩部和头部贴墙站立，尝试把一只手放到腰部，即与肚脐水平的背部或背部最大弓形的位置处。如果体态足够标准，则手最厚的部分刚好填满墙和背之间的空隙。如果手能轻松通过缝隙或被卡住，则说明体态不够标准。

　　教练也可以通过观察运动员放松状态的站姿来判断他们是否昂首挺胸。观察时，要注意从侧面看，并注意肩部和头部的位置。头部是否前倾？膝盖是否锁定？骨盆是否前倾？如果这些问题的答案是肯定的，那么该运动员的姿势则不算昂首挺胸。

　　昂首挺胸的运动员看起来像胜利者。当运动员变得昂首挺胸时，他们的腹部会变得平坦，肩部更宽。朋友们普遍的反应是他们减重了！在涉及审美的运动项目如跳水、体操、花样滑冰中，若运动员昂首挺胸，裁判给的分也会更高。此外，昂首挺胸有助于预防背部疾病（已成为流行病）和其他损伤。

　　如果运动员正无精打采，教练说"昂首挺胸"，则运动员很快会打起精神。如果运动员弯腰驼背，则纠正这一问题最快的方法便是说"昂首挺胸"。其他几项基本原则，尤其是眼看目标和扩胸，也有助于调整体态。所有这些术语都是为了帮助运动员形成正确、高效的姿势。

　　昂首挺胸这一基本原则应被用于多项举重技术的练习中。深蹲时，每个运动员蹲下时都需有昂首挺胸坐下的感觉。运动员不应低头、翘起臀部，否则会损伤腰部，也不利于运动员产生功能性力量。进行六角杠硬拉时，整个过程中都要昂首挺胸，这有助于确保脊柱位于正确的位置，还有助于正确使用双腿。

　　做其他运动时，运动员也应昂首挺胸。例如，全速冲刺时，运动员应始终保持昂首挺胸的姿势。在掷铁饼或球时，如果运动员在掷出前忽略了昂首挺胸的原则，则此次抛掷会具有技术问题。这就是为什么我们认为教练应该让自己的运动员一直保持昂首挺胸姿势的原因。

4. 扩胸（固定下背部）

力量训练也需跟随新趋势，因而运动员的训练方式也会发生改变。与此同时，对专业教练的定位及其声誉也发生了变化。20世纪70年代，运动训练经常强调静态拉伸和能量代谢系统训练，接着便出现了快速伸缩复合训练、超速训练和跑步形式训练、稳定性训练及功能性训练，而近年来的流行趋势则是核心训练。核心训练已从健身和康复领域过渡到体育界。

核心训练是指训练躯干肌肉，尤其是腹部和下背部。此时常会使用到分离运动（如卷腹和背部伸展）或复合运动（如在摇板上进行运动）。摇板是一种T形板，能像跷跷板一样摆动。

核心训练的支持者认为，运动通常从躯干开始，腿和手臂的爆发力必须从核心传递。因此，这些核心肌肉不仅可以产生力，还可以传导力。这种观念导致人们对训练这些肌肉给予了过多的关注。市面上由此出现了许多关于核心训练的图书、视频，学者们也就此举办了多次研讨会。许多私人教练认证项目也涉及了核心训练。

无论这种类型的专业训练是否值得教练们投入时间，毫无疑问，这些肌肉对于获得最佳表现极为有用。然而，与针对核心肌肉的力量训练同样重要的是躯干姿势。这便是"扩胸"这一基本原则的灵感来源（见图5.3）。

在运动训练中最容易被误解的概念之一是骨盆倾斜。骨盆能做好几种运动，如包括走路和跑步时出现的扭动和侧倾。进行力量训练时，教练应该特别关注的两种骨盆倾斜是骨盆前倾和骨盆后倾。

骨盆前倾指骨盆向前旋转。导致骨盆前倾的肌肉是竖脊肌（沿着脊柱两侧的两大块索状肌肉）及腰大肌等髋屈肌。当从地板上拿起重物时，应使骨盆稍微向前倾斜，如做硬拉和高翻时。它也是伸展腘绳肌时使用的姿势。在BFS项目中，我们将骨盆前倾称为"固定下背部"。

骨盆后倾发生在骨盆向后旋转时。导致骨盆后倾的肌肉有臀大肌、腘绳肌、腹直肌（从肋骨底部延伸到骨盆顶部）。当将重物举过头顶和伸展肌肉（如腰大肌）时，可将骨盆微微后倾，以训练腿部力量。

需要注意的是，并不是说一种骨盆倾斜的姿势比另一种好，而是说两种各有适用场合。例如，在挺举中，将杠铃从地板上拿起时，应该使用骨盆前倾的姿势；而在上举之前，杠铃位于肩上时，应该使用骨盆后倾的姿势。这两种骨盆倾斜的姿势有助于提供最高水平的脊柱稳定性——从一种骨盆倾斜姿势到另一种骨盆倾斜姿势的转变被称为腰椎骨盆节律。

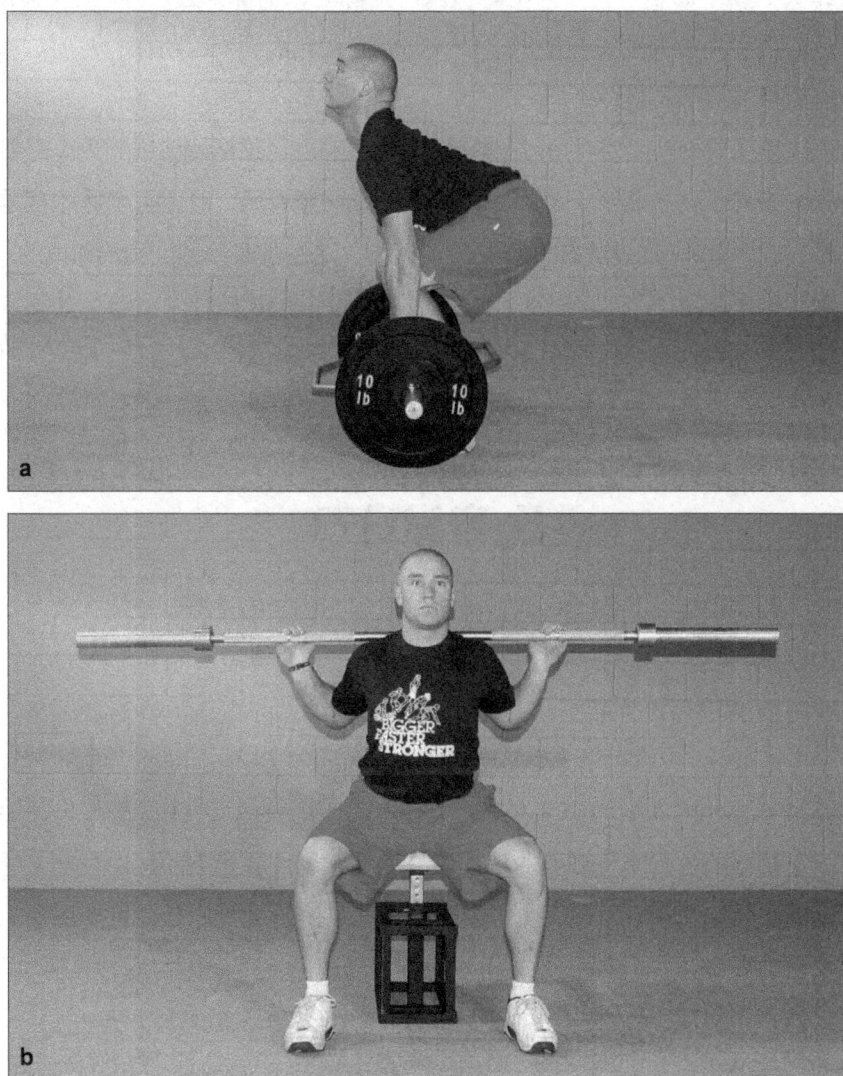

图5.3　做硬拉和箱式深蹲时，扩胸（固定下背部）技术是关键

　　举重时会发生的最严重的错误之一是将杠铃从地上拿起时或深蹲时下背部拱起（此时骨盆后倾）。下背部拱起时竖脊肌放松，腰椎间盘和韧带会承受较大的危险力量。此时，教练应提示"扩胸"这一基本原则，并将其展现给运动员。

　　另一个影响良好姿势保持的因素是头部的位置。一些运动经常会使用头部向前和头部朝下的姿势，如前空翻；做后空翻时，头部常会后仰——很明显，跳水运动员和体操运动员会使用这种头部姿势来完成理想的动作。然而，举重时，运动员的头部不应朝下。

　　西夫博士拥有广泛的生物力学知识背景，他说，颈部屈曲会导致竖脊肌出现舒张的条件反射。相反，伸展头部有助于收缩竖脊肌，且不至于让颈部承受太大压力。因此，"注意头部位置"与"扩胸"这些基本原则是相辅相成的。

　　除了举重运动，"扩胸"这一基本原则还可用于其他体育活动，如跑步或棒球的热身运动。你能想象你驼背打棒球的样子吗？这不是规范的运动姿势。想成为掌握核心训练的教练？那么从指导运动员"扩胸"开始！

5. 双脚对齐

　　教练经常说运动员需要一双好脚。这里的好脚指的是脚步轻快，这并不是只有少数幸运的人才能拥有的神秘品质，每个运动员都有可能具备。

　　首先要意识到，下肢损伤是运动群体中最常见的损伤，事实上对整个人群来说也是如此。美国国家健康统计中心（National Center for Health Statistics）的数据显示，2003年1100万去外科就诊的病人中，有80万人被诊断为踝关节骨折。更糟糕的是，澳大利亚的一项研究发现，脚踝受过伤的运动员比未受过伤的运动员要高出5倍。脚踝受伤会缩短运动员的运动生涯，并可能增加未来脚踝受伤的概率。

脚踝和脚受伤会让运动员无法参与其运动项目。但比这更糟糕的是这些伤害往往会导致膝盖和脊柱的严重损伤，如前交叉韧带损伤。

前交叉韧带是位于膝盖连接小腿和上腿骨的韧带。它可以防止小腿过度向前移动，防止膝盖过度旋转和弯曲。当膝盖扭转、侧弯或后弯时，前交叉韧带就会受伤——如果同时出现两种或两种以上的情况，受伤的风险就会更高。

男性和女性都易出现前交叉韧带损伤，但据估计，在排球、篮球和足球等运动中，女性运动员前交叉韧带损伤的可能性比男性高8倍。

这种情况出现的原因之一是，女性的骨盆较宽，改变了其下肢的对齐方式，使得大腿上部比男性更向内倾斜，从而使前交叉韧带更容易受伤。有趣的是，大约70%的前交叉韧带损伤是由非接触性活动造成的，这表明其中许多损伤可能与生物力学机制欠佳有关。

加拿大体育学家和力量教练保罗·加涅（Paul Gagne）说得很好："脚和脚踝是身体的基础，如果基础薄弱，那么基础之上的一切都会有风险。"

双脚对齐可能听起来像是简单的常识，但你应该一直努力使运动员的双脚对齐。这意味着脚趾要么笔直向前（跳跃姿势），要么稍微向外（运动姿势）以保持平衡。我们将这条原则称为"双脚对齐"。

重要的是要考虑到，很少有活动可以让脚完全笔直地向前。由于大腿骨（股骨）插入髋部的方式，在许多活动中，如蹲起时，脚会向外旋转约5°。有些人会打开髋部，这使他们的脚更自然地更大程度地外旋。这样很好。这个方法是为了避免动作过度夸张——相信你也不希望你的运动员像查理·卓别林（Charlie Chaplin）那样摇摇摆摆地走路。

但也有例外，如力量举深蹲。尽管一些力量举教练建议，蹲下时双脚应保持笔直向前，但此处的深蹲并不是BFS项目中所推荐的深蹲。这些类型的力量举深蹲是为特定的力量举联合会和特定的目的而设计的，用于在最短的距离内举起最重的重量。

当然，一个完整的体能训练项目不只包括举重，还涉及伸展、跳跃和冲刺。而在体能训练的所有阶段，双脚都应正确地对齐。

不需要很长时间，运动员就可以体验到双脚对齐所能带来的极大益处。事实上，所有的运动员都扮演助理教练的角色，在体能训练的各个阶段监督队友的训练情况。如果你的目标是赢得比赛，那么所有运动员和教练都必须团结起来，互帮互助。

6. 双膝对齐（膝盖在脚趾正上方）

在力量训练的各个阶段，每个练习和每个动作中，膝盖一定要在脚趾正上方，我们将这条基本原则称为"双膝对齐"。

在举重中，膝盖通常会在脚趾前方。运动员需要学会用双脚保持身体平衡，脚跟不能抬离地面。运动员要昂首挺胸、扩胸、眼看目标、髋部向后坐下。这样可以确保膝盖在脚趾正上方。

膝盖与脚趾应该在每个位置上都保持完美的对齐。一个好的测试方法是拿一把尺子，把尺子的顶端放在运动员膝盖的中间，让尺子垂直于地面。尺子的底部应该在运动员脚趾（特别是长脚趾）的中间。如果尺子在脚趾的前面或后面，则位置不正确。（有时膝盖会位于脚趾的外侧，这经常是站距太窄造成的，只要拓宽站距就可以解决这个问题。）

膝盖对齐不当是深蹲中的常见问题。刚开始深蹲时，有的运动员双膝可能过度向前，脚跟离地。这种姿势会给髌骨（膝盖骨）带来太大的压力。如果膝盖在脚趾前方，那就过度向前了。为了纠正这个错误，可以让同伴之间互相监督，练习深蹲时，髋部向后，膝盖尽可能地垂直于地面。另一个学习平衡的方法是进行轻重量前蹲，这有助于运动员正确地进行稳定身体练习。

这条原则也有例外。例如，在挺举的分腿姿势中，为了稳定骨盆，前足应该稍微向内旋转，而后足则应该与膝盖对齐。此外，当武术运动员处于分腿姿势中时，他们通常会把后足的脚趾向外转，以增加稳定性。

记住，不论是指导跑步、跳远、伸展运动，还是其他任何运动项目，你都可以使用相同的基本原则。如果你的运动员保持脚趾和膝盖对齐，那么他们在这些方面都会表现得很好，也不会那么容易受伤。

　　在有些运动项目中，你可能只会用到几条原则，如游泳时，你不必固定运动员的下背部。此外，这六项基本原则的应用顺序也可以视运动类型而做出调整。例如，指导运动员做高翻时，你应该先要求运动员固定下背部，然后是双脚与双膝对齐，最后才是眼看目标。

　　这六项基本原则是统一运动项目的很好方式，可以帮助运动员充分发挥潜力，同时让生物力学机制和教练指导变得更加简单。

第6章

平行蹲和深蹲变式

平行蹲能让运动员具有强大的力量，并为提升运动速度和爆发力打下基础，是所有练习中最重要的。如果运动员只练习平行蹲，那么他们进行了一个好的训练——虽称不上极好，但是好的。而如果运动员忽略了深蹲，或者动作不标准，那么不管他们做了什么类型的练习，借助了什么器械，或者遵循了什么训练系统，都不会有什么帮助。没有深蹲，运动员就难以发挥他们的全部潜力。

深蹲和膝盖受伤

40年前创立BFS项目时，最具争议的一个方面就是我们对深蹲大加推广。我们当时坚持认为，它是有益于运动员的最好运动之一，现在我们仍对此深信不疑。很多争议都源于一项研究，该研究认为全蹲会对膝盖的稳定性产生不利影响。而之后几年的研究表明，此项研究存在缺陷，结果不具备可复制性。另一些研究则得出了完全相反的结论，即举重和力量举运动员的膝关节比对照组运动员的膝关节更紧，膝盖受伤的可能性更小。

深蹲深度

深蹲的指导原则是蹲下时，大腿至少与地面平行，这样臀大肌就会被激活。臀大肌是短跑等运动中发挥关键作用的肌肉。如果下蹲程度不够，那么只能激活股四头肌（大腿前侧肌肉）。此外，如果运动员蹲得不够低，那么就不能提高膝盖的稳定性。许多人甚至因肌肉失衡，降低了膝盖的稳定性。在BFS项目中，我们会提供一个简单的测试来帮助运动员和教练确定合适的深度，叫作弹珠测试。

深蹲时，运动员需要假想两侧大腿中间有一个弹珠，如果弹珠是真实的，会滚向哪个方向？如果弹珠滚向膝盖，那么运动员蹲得不够低；如果弹珠保持静止或朝运动员的髋部方向滚动，则深蹲程度正好。

用这个标准你会发现，大腿根部位置成为判断在深蹲最低点臀部位置是否低于膝盖位置的标准。但借助弹珠测试则比通过大腿根部位置判断要更准确，因为使用后者，大腿较粗壮的运动员会被要求蹲得更低。"如果运动员大腿位置比平行地面时还低可以吗？"当然可以了，BFS项目强调，运动员至少要做到大腿与地面平行。

至于力量举运动，如今有很多运动员能举起极重的重量，这说明一些组织对于运动员腿部与地面平行的程度及其所使用的有助于增加重量的支持性装备有相当高的宽容度。此外，许多力量举运动员采用的超宽姿势并不是BFS认为的对其他运动项目有益的最佳运动姿势。

另一个问题是，力量举运动员试图在最短的距离内举起最大的重量，而在BFS中，我们试图以一种能帮助运动员获得有益于其专项运动的方式举起重量。力量举运动员应该使用被证明是最适合这项运动的训练方法，而奥举运动员需要在整个运动范围内进行深蹲。因为奥举运动员一直向下蹲，在比赛中实际上是从底部位置反弹发力举重。为什么BFS不推荐这种风格？毕竟，有竞争力的举重运动员膝盖受伤很少见，尤其是与其他运动相比。一直向下蹲又有什么问题呢？

如果一名运动员有一个合格的奥举教练，且该教练会和他一起进行这种深蹲练习，那么教练认为这种深蹲方式优越则没问题。但现实情况是，一名高中教练可能同时教50个学生，因此教练很难对这些孩子进行一对一的关注和指导。此外，蹲得深并不会让膝盖受伤，但是会增加下背部受伤的风险。

感谢布鲁斯·克莱门斯（Bruce Klemens）提供的照片

深蹲技术受运动员体形的影响。图中两位训练者的站姿不同，但两种风格均可接受，因为他们都能以自己的姿势完成平行蹲：a. 格雷格·谢泼德教练在指导运动员进行训练，当时他在杨百翰大学任教；b. 约翰·库克（John Kuc）在举重，他曾打破力量举世界纪录

大腿较粗壮的运动员无法蹲得太低，这就是为什么我们可以用大腿根部的位置来衡量下蹲深度

　　除非运动员有很好的柔韧性，并且有人监督运动情况，否则运动员练习深蹲时，经常会出现下背部过度拱起的情况。而过度拱起又会给下背部的脊椎（L3、L4和L5）造成极大的压力。此外，据估计，在全蹲的最低点，脊柱处产生的压力要比站立时高6倍。例如，一个深蹲负重200磅的运动员在最低点时，脊柱处的压力为1 200磅。因此，除非运动员的柔韧性特别强，并有合格的奥举教练进行一对一的指导，否则最好进行大腿平行于地面或再低一点的深蹲。

　　最后，一些争议认为，在整个运动范围内一直向下蹲，无法充分锻炼股四头肌和腘绳肌。这种说法是正确的，但这就是BFS项目将器械腿臀起和弓步训练优先作为辅助训练的原因。这些训练能充分锻炼股四头肌，尤其是大腿内侧的股内侧肌（它穿过膝关节，因此是保持膝关节稳定的关键），以及腘绳肌的四个末端，同时只会对下背部产生极小的压力。

深蹲前技术

　　即使有了适当的技术，练习举重时还会存在一定的安全问题。因为深蹲时的负重相当大，所以适当的监测很有必要。虽然有时只需要一名监测员（站在举重者身后）就能安全地完成深蹲，但是若有条件，最好将监测员增加到三名（一名监测员站在举重运动员身后，其余两名站两侧）。旁边的两名监测员可以分工，一名判断深蹲程度和技术，另一名则为举重运动员加油打气。

所需器械

深蹲时会用到适当的器械。为了训练安全，最好在深蹲架里完成动作，并将安全杠调整到合适的高度。然而，安全杠更像是"死亡控制器"，即确保运动员安全的最后机制，因为杠铃从距地面好几英寸的地方掉在安全杠上后会损坏。此外，最好使用中心有滚花的奥举杠铃杆（更好地固定肩部负重）和更硬的杠铃。所使用的奥举杠铃杆柔韧性越好（且越昂贵），越有益于进行高翻动作，但在深蹲时使用这种杠铃杆会增大掌控杠铃的难度。

做深蹲的准备工作时，你必须做好几项重要的技术准备——握紧杠铃，把杠铃放在肩部合适的位置及把杠铃从架子上移出来。下面让我们来详细了解准备技术。

握紧杠铃

两个技术可以帮助你在深蹲时正确地抓握杠铃。首先是拇指的位置。拇指应该环绕杠铃杆还是放在杠铃杆后？大约60%的力量举运动员将大拇指放在杠铃杆后，40%的运动员用拇指环绕杠铃杆。很明显，这两种风格都可以接受，但是如果运动员体重比较重，或柔韧性不够好，则应用拇指环绕杠铃，因为这种握法易于将肘部向前推，同时固定下背部。

其次是握杆距离。训练时，我们会要求运动员模拟肩上有杠铃，且使用较小的握杆距离。然后，我们要求运动员坐直、扩胸，并固定下背部。接下来，运动员使用较大的握杆距离，并固定下背部。这时我们会问："哪种握法更易于固定下背部？"得到的回答一般都是"使用较大的握杆距离"。但究竟使用何种握法则由运动员自己决定。

使用大多数奥举杠铃杆上距离内侧卡扣4英寸位置处的刻线作为抓握的参考点。例如，你可以将拇指放到杠铃杆后方，食指依次放在每条刻线上。这时你可能找到了适合的较宽握距，确保杠铃可以被安全地放在肩上面不滑落。现在你已经准备好把杠铃放在肩上了。

杠铃在肩部的位置

一个常见的错误是杠铃在肩部的位置过高。许多运动员会将杠铃放在颈部。这样颈部会很疼，这种情况下，他们会借助杠铃护垫。大多数运动员深蹲时，将杠铃放在肩部靠下的位置会更加舒适，并且可以负重更多，深蹲效率也更高。这是因为骨骼长度和肌腱-肌肉附着点之间的结构差异可能会让一些运动员在高杆位置上深蹲更有效。

一些力量举运动员把杠铃放在肩部极低的位置，距离肩部顶部多达4英寸。这种方法可能有一点解剖学优势，或者说这种优势源自所用的举重服或柔韧性不足。不管原因是什么，深蹲时杠铃在肩部的位置太低会影响腿部力量的发挥，这显然对运动员没有帮助。

如果杠铃位置得当，大多数运动员都能在肩上找到一个自然的凹槽。我们会告诉他们："不要把杠铃放在颈部，要放在肩部，找到凹槽的位置。"只要教练给出这样的技术提示，运动员在深蹲时，几乎都能找到很合适的杠铃位置。

把杠铃从架子上移出来

一些高中运动员对于尝试做深蹲运动感到兴奋，他们会将肩部置于杠铃杆下方2到3英寸的位置，然后通过一个爆发性的动作，用他们的肩部冲击杠铃杆。这样做会让运动员的颈部或肩部会出现青肿。此外，这些运动员将杠铃放在肩上的位置并不正确。也有运动员会将杠铃从架子上拿下来。很多时候，运动员恢复准备站姿时，深蹲姿势并不稳定。出于这些原因，深蹲时的一些受伤事件更多发生在运动员把杠铃从架子上取下来或把它放到架子上的时候，而不是在深蹲训练中。

控制杠铃的一种极好方法是在杠铃下方站稳，确保技术正确。为完成这个动作，应将杠铃放在肩部凹槽内，眼睛向前看，扩胸。下一个技术点至关重要：在杠铃正下方呈运动站姿。许多运动员双脚前后分开站立且身体前倾。这样的姿势容易让下背部受伤，尤其是使用较大的负重时。你做好上述准备后对杠铃杆施加点力。然后用力伸展双腿站起，让杠铃脱离支架。因为之前已经向杠铃施力，所以这个爆发性动作不会造成肩部受伤。而且这一剧烈运动基于正确的姿势，因此会感觉杠铃很轻。

现在将杠铃从架子上移出来了，运动员负重站稳。这时，运动员双脚分别向后迈出一小步，呈运动站姿，准备深蹲。对于一些深蹲架，你可能需要退后数步，才能让自己完全蹲下（有些步入式深蹲架和桩式深蹲架可能需要运动员退后更多步以腾出动作空间；有些深蹲架的位置对于平行蹲来说太高，运动员需要退后数步才能到达恰当的位置）。使用这些深蹲架，如果不向后退，则不利于完成动作。

在详细讲解深蹲技术之前，我们要先认识到平行蹲是一种比较棘手的举重动作。运动技术和位置决定一切。运动员在尝试一个新的最大值时，总想做到尽善尽美。运动员一定很兴奋，但必须加以控制。

深蹲技术

深蹲有四个主要阶段：开始、下降、蹲至最低点和向上。为获得最大效果，在深蹲的各个阶段，你都必须尽可能使用正确的技术。下面让我们来仔细了解一下。

开始

你应该直视前方的某个目标，确保头脑清晰、精神集中并思考深蹲技术：扩胸，固定下背部，并执行下降模式。下降前深呼吸，并屏住呼吸。使用只能重复1次的重量时，呼吸2次——首先，深呼吸，将空气吸入胸腔；其次，开始下降时快速呼吸，进一步扩胸。

下降

以匀速的、可控制的模式下降。有些运动员用较长时间一寸一寸地下降，这是错误的。有些运动员在失控的情况下迅速下降，这很危险。如果采用匀速的、可控制的模式，则技术水平会更好。在整个下降过程中，你应该屏住呼吸。始终保持扩胸，固定下背部，眼看目标，昂首挺胸。

蹲至最低点

蹲至大腿与地面平行或略低于此的位置（见图6.1）。记住，许多运动员的最低点过高，这是一个常见的错误，会降低运动员的表现水平。通过严格遵守平行位置原则，你将在比赛中获得优势。如果你的最低点太高，腘绳肌和臀大肌无法得到充分锻炼，从而限制速度和跳跃能力的提高。达到正确的平行位置对于个人和团队的成功至关重要，这也是本书的一大秘诀。

图6.1　你必须下蹲到平行位置或更低，才能最大限度地提升肌肉力量：a.前蹲；b.后蹲

一些橄榄球和力量教练希望运动员突破平行位置。这很好。最重要的是，为了让腿部力量增强，运动员必须至少达到平行位置。一些教练用大腿下部而非大腿上部作为平行蹲的参照点，这种方法会产生问题。因为对于大腿较粗壮的运动员而言，使用大腿下部作为平行蹲的参照点，会比使用大腿上部作为参照点的深蹲高度高出2到3英寸。这种情况下，运动员的腘绳肌和臀大肌将得不到锻炼，标准也将变得毫无意义。

向上

从平行位置向上站起时继续屏住呼吸。想象髋部被弹性很大的橡皮筋拉住。在你向平行位置下降时，橡皮筋慢慢被拉伸到极限。而当你处于平行位置时，橡皮筋被释放。若你的技术准确无误，此时髋部应该向上突出。

向上约一半的距离时，你会到达粘滞点（译者注：深蹲中的粘滞点指关节发力最弱的位置），通过该点后深蹲变得更容易。到达粘滞点时，你应该呼气。有时运动员在完成负重深蹲时会大喊一声，以便将肺内的空气排出。这种做法完全可以被接受，它有助于运动员举重时保持良好的精神状态。

在整个上升过程中，你的眼睛应该始终盯在同一点上。当你完成了一组训练，保持片刻，慢慢退回深蹲架。将杠铃放回架上的过程中，双脚应始终保持稳定。

监　测

恰当的监测对于正确完成深蹲动作至关重要（见图6.2）。教练有责任教授正确的监测技术。三个监测员（一个在运动员身后，其余两个在运动员两侧）的作用就是保证深蹲的成功执行。监测员发挥三种作用：第一，以教练的身份提示运动员正确的深蹲技术；第二，评判运动员的深蹲深度和技术；第三，作为运动员的热心队友，给予运动员持续的鼓励。监测员最好从运动员的训练同伴中选取。

两侧的两个监测员应该同时扮演教练和裁判的角色。一个监测员的头部应位于杠铃杆后方，而另一个监测员的头部应位于杠铃杆前方。监测员们应在各自的位置上各司其职，监测运动员的平行蹲状况。两侧的监测员应该呈蹲姿，双手放在杠铃杆下方，以备意外情况发生。意外往往发生得非常突然，监测员应有所准备。监测员在监测时不能双臂交叉环抱在胸前。在运动员完成一组训练后，两侧的监测员应抓住杠铃杆，帮助运动员将杠铃放回架上。

图6.2　完美的深蹲运动，监测员在正确的位置上

　　从运动员从架上拿下杠铃开始，直至完成深蹲训练后把杠铃放回架上，后方的监测员应始终将双手稳稳地放在杠铃杆上。我们面对的大多是年轻运动员，所以我们希望尽可能地确保他们的安全。如果监测员不把双手一直放在杠铃杆上，突然出现问题时，监测员很难快速做出反应并及时抓住杠铃。后方的监测员将双手放在杠铃杆上，更易于纠正运动员的不良姿势，特别是在运动员身体前倾时，后方的观测者只用稍微后拉，便能纠正运动员的不良姿势。此外，后方的监测员应该与运动员就举重状况与动作组数进行交流。有时后方的监测员可以将双臂放在运动员的腋下至胸间，但是这样做的前提是运动员没有出现技术问题。

　　监测员需要通过言语交流让运动员了解完成情况。没有哪个运动员能看到监测员的点头肯定。监测员应该在运动期间和运动结束后立即给予队友鼓励，并加以评价，诸如"看上去不错！""非常好！""这组完成得非常好！""再重复一次！"或者"你能做到！"。若运动员将一组动作完成得很好，监测员应跟运动员击掌以表示鼓励。

解决常见的深蹲问题

深蹲的三个常见错误包括膝盖内收、膝盖过度向前及过早抬起臀部。膝盖内收问题更难纠正，会给内侧副韧带造成不必要的压力。这个问题在女性中很常见，女性的髋部较宽，会导致股骨向内。此外，中学男生的下肢力量较弱，也会出现这个问题。膝盖内收问题会在运动员向上的过程中显现出来。向下蹲时膝盖位置通常不会出现什么问题。所以第一步是让教练对着深蹲运动员喊"膝盖"，这是提醒运动员注意膝盖往外的信号。

膝盖过度向前的问题常见于初学者，他们在下蹲时会将脚跟抬离地面。这会给髌骨带来有害的压力，并导致举重无效。教练可以通过让运动员抓住一个搭档的手以保持平衡，来纠正膝盖过度向前的问题，我们称之为"深蹲平衡测试"。运动员深蹲时应保持背部挺直、扩胸及肘部和肩部向后。运动员能够以平行蹲的姿势让脚跟着地保持平衡。一段时间后，搭档应该慢慢放手，让运动员在这种难度较大的姿势下，自己寻找平衡点。

令人惊讶的是，大多数年轻运动员都能以平行蹲的姿势让脚跟着地，并保持平衡。许多健美运动员深蹲时膝盖都会向前，并将杠铃置于颈部较高的位置。他们通常会采用较轻的重量、较多的重复次数，还会用其他运动取代深蹲，如腿推举，因此他们可能永远不会有问题。然而，运动员通常会将杠铃放在肩部靠后的位置，以便举起更大的重量，这很危险。运动员必须使髋部尽可能向后坐，小腿尽可能垂直于地面。

有时，尤其是负重很大时，髋部位置可能会上升，运动员的身体会倾斜。要纠正这个姿势，你可以尝试两种技术。第一种，髋部向前，试着让其处于杠铃的正下方。很明显，你应该再次根据之前的举重技术原则检查胸部和腰部姿势。第二种对许多运动员来说非常有效的技术是保持肘部向前。当你在深蹲时将肘部向前推，更易于保持躯干笔直、扩胸及下背部固定的姿势。

箱式深蹲

箱式深蹲是增强全身力量和下肢爆发力的最有效的训练之一。然而，在BFS项目开发的前20年里，我们也遇到了一些批评人士，他们不了解该练习的价值，认为该练习极具危险性。然后，力量举团体重新发现了该练习的价值，所有级别的冠军，甚至是世界纪录保持者，都将其作为训练计划的重要内容。该练习最近在各类运动领域中受到高水平教练的推崇。也许，我们可以借助这个合适的时机告诉大家："我们早就告诉过你！"

在深入了解箱式深蹲前，我们了解到有些教练甚至拒绝尝试这项练习。BFS项目是可以根据实际情况进行调整的，所以若教练不愿采用箱式深蹲，则可选择其他的练习，如前蹲，甚至髋部雪橇式运动。但在突破瓶颈期、增强髋部力量和髋部肌腱力量、提高下肢爆发力、提升应对较重负重的信心从而打破个人纪录方面，箱式深蹲的作用是不可取代的。

虽然箱式深蹲比常规深蹲负重更多，但是其涉及的关节活动度更小，可让运动员在运动后迅速恢复。那么恢复速度有多快？根据那些通过BFS项目培养出无数冠军的教练的反馈，一个运动员甚至可以在比赛的前一天进行大重量箱式深蹲且其不会对第二天的比赛产生任何不利影响。

如果那些认为箱式深蹲很危险的批评人士能够遵循我们的建议，如专注于技术完美（而不是尽可能地使用最大的重量）和使用三个专注的监测员，则不用担心会出现安全问题或不利情况。此外，如果相较于平行蹲，运动员能够在箱式深蹲中多负重100磅，则应该降低箱子的高度。

箱式深蹲的灵感来自链球冠军乔治·弗伦（George Frenn）。20世纪70年代初，弗伦在比赛中深蹲负重达到853磅，并连续三年赢得美国链球锦标赛冠军。弗伦一周做一次箱式深蹲，一周做一次平行蹲。弗伦发现，每周做两次常规深蹲会让人筋疲力尽，而且会影响他的表现水平，而完成箱式深蹲则会让他第二天精力充沛。

　　想表现突出的运动员需要进行冲刺和快速伸缩复合训练并提升运动技术，这些常规训练会花费大量的时间和精力。箱式深蹲让运动员可以在每周进行两次深蹲训练的同时，有足够的时间和精力去提升其他运动能力。此外，通过适应更重的负重，运动员进行常规深蹲时会更加充满信心。

　　做箱式深蹲时呈运动姿势，有控制且小心地下蹲至箱子或凳子上。注意不要使动作过快、失控，否则会给自己造成伤害。然后稍微向后仰，确保下背部固定且向内凹陷（见图6.3）。这项技术有助于消除股四头肌的压力，使它们能更有力地收缩。然后向前和向上发力。如果你像大多数运动员一样，在做这个练习的时候，只是触及箱子或凳子，那么只会增强股四头肌，这是一个严重的错误。

　　关于该练习技术的最后一点是，完成举重时，你的脚趾应该爆发性地向上发力，从而加大下半身肌肉收缩的运动范围。

　　BFS项目成立40多年来，一直将箱式深蹲作为关键举重练习。虽然BFS项目并不将其作为强制练习，但是它有很多好处，运动员可以考虑尝试该练习。

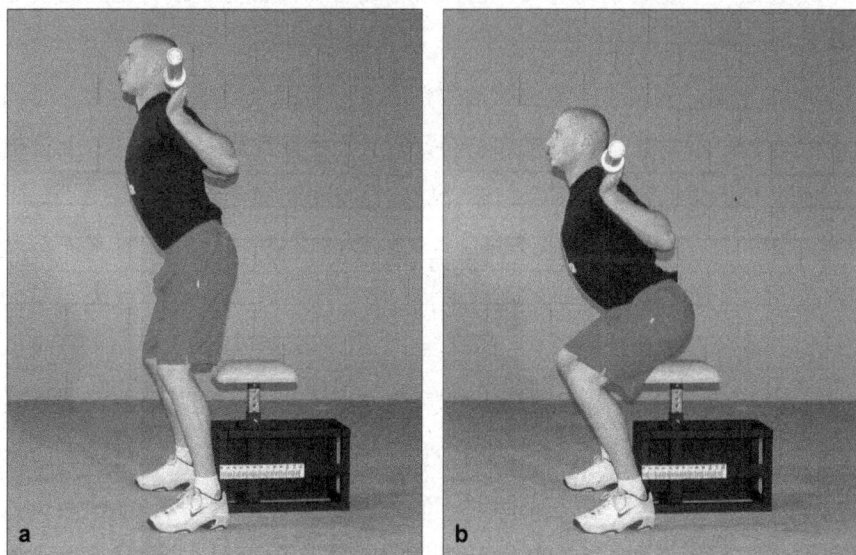

图6.3 箱式深蹲是赛季训练的绝佳练习，因为它不会让运动员产生后蹲造成的过度疲劳

前蹲（颈前深蹲）

许多力量教练认为，前蹲比后蹲更能锻炼腿部力量。原因之一是前蹲时，杠铃在肩部的前部而不是后部，所以股四头肌得到了更好的锻炼，这使身体处于运动时的常见姿势。至少，前蹲应该被认为是适合任何运动员的一种重要的辅助练习。一项调查的结果表明，欧洲教练普遍认为三项最适合运动专项的力量训练项目是高抓、上斜杠铃卧推和前蹲。

至于前蹲在运动员训练中是否应该被重视，则取决于力量教练。在BFS项目中，我们认为后蹲应作为年轻运动员的主要腿部练习，前蹲、箱式深蹲和髋部雪橇式运动应作为其关键辅助练习。对于经过多年后蹲练习，已形成很好的力量基础、有经验的运动员而言，应该将训练重点放在与专项运动有关的练习上，如前蹲和弓步等。

前蹲的一个缺点是，将杠铃放在肩上会压迫胸腔，使呼吸更加困难，所以很难重复多次。重复五次以上通常会让身体疲惫不堪，甚至昏厥。但是关于这个练习，一个更重要的问题不是前蹲是否能代替后蹲，而是为什么没有更多的教练让运动员进行前蹲练习。答案是前蹲会带来痛感，或者至少是极度不适感。

前蹲时，最好使用与高翻相同的握杆方法，也就是双手掌心向上，肘部高举（见图6.4）。不幸的是，如果你的前臂较长、手腕比较紧绷，或者上背部或肩部紧绷，那么以这种方式抓握杠铃会导致手腕和肘部疼痛。

奥举运动员会说："解决这个问题，柔韧性就会提升！"但也有些人会提供特殊的练习，比如握杆时让训练搭档上推肘部。另一些人会说："放松双手，用指尖抓杆，确保肘部抬高。"

另一种技术是双臂在胸前交叉。这种方法是有效的，但是可能特别难以保持平衡——通常你不得不用太多的精力关注平衡，以至于训练强度加大。我们已经尝试了一些方式，可以在前蹲时让肩部更轻松地支撑杠铃，如使用E-Z蹲姿和前蹲带。前蹲带由固定在运动员身体前部的带子组成，挂钩能支撑身体重量，运动员可以抓住手柄以获得支撑。这种方法的问题在于，它会造成运动员驼背，使呼吸更加困难。而E–Z蹲姿中，运动员肘部向下，有可能在最低位置时挤压膝盖。

图6.4　奥举运动员使用前蹲，模拟下蹲翻最低点的姿势。在BFS
项目中，我们认为后蹲应作为年轻运动员的主要腿部练习，而前蹲
是很有价值的辅助练习

我们发现传统前蹲练习的最好替代方法是借助助力带，但这并不是由我们发现的。

这里描述的前蹲需要使用两根助力带，最好是绑在杠铃上后还多出1英尺（1英尺为30.48厘米，余同）（奥举运动员使用的快速释放带不适用于该练习）。通常在杠铃上系上助力带，二者间的距离约与肩同宽，或者能使运动员正常完成前蹲。通常来说，抓握的宽度与高翻相同。

要完成这项练习，你需要将肩部置于杠铃下方，以中立握法（掌心相对）抓住助力带。你抓助力带的高度取决于你的柔韧性（杠铃杆和手之间的空间越小越好）。从这个位置开始，只需将杠铃从深蹲架上举起，后退几步，弯曲膝盖至大腿至少与地面平行，类似于后蹲。现在倒序运动，回到起始点。你会发现你可以用这种方法让你的肘部抬高，并能安全地维持肩上的重量。唯一的缺点是难以将杠铃放回深蹲架，所以需要监测员的协助。

深蹲时，手腕上的压力减小由如下两个原因造成：上臂不需要像常规前蹲时那样向后弯曲；手腕处于中立位置，而非伸展（手掌向上）。

这个练习的另一个好处是，如果你不能完成前蹲，那么这项练习能提高你的柔韧性，直到你能够完成前蹲。开始的时候，握住助力带的顶端，当你的柔韧性提高时，双手可靠近助力带底部。如果你的目标是完成常规前蹲，最后便可以顺利地过渡到常规前蹲。

运动员在前蹲时可以举起多少重量？我们听说过很多顶级举重运动员，比如保罗·安德森（Paul Anderson）、弗拉基米尔·马尔丘克（Vladimir Marchuk）和马克·亨利（Mark Henry），都可以不借助任何特殊的装备举起超过700磅的重量。据报道，三届奥运会冠军、希腊运动员皮罗斯·迪马斯（Pyrros Dimas）和土耳其运动员杜尔森·塞文奇（Dursun Sevinc）体重均为187磅，他们前蹲时能举起超过600磅的重量。然而在一般情况下，如果你想在后蹲和前蹲两个练习中保持同样的深度，那么前者的负重应为后者的70%~85%。

前蹲是一种很好的训练方式，与后蹲相比，许多教练甚至更认可前蹲。在BFS项目中，我们将它作为一项关键的下肢辅助练习，因为它在增强腿部力量及运动特异性（某些情况下）方面具有优势。不管你是把前蹲作为训练的主要部分，还是为了使训练多样化而偶尔练习前蹲，在助力带的帮助下你都可以更轻松地完成前蹲，同时也不会感到疼痛。

其他深蹲变式

其他为人们所接受的深蹲变式包括高杠健美深蹲、奥林匹克式深蹲、安全杠深蹲和腿举机深蹲。在高杠健美深蹲中，运动员所使用的重量比平行蹲时要轻，且蹲至比平行位置低几英寸。我们不强调使用这种变式，但技术好的运动员可以进行尝试。

腿举机深蹲以多关节的方式锻炼下肢的主要肌肉，而不会累及下背部。腿举机被安装在一个倾斜的轨道上，肩部钢制器件加有护垫，底部有一个踏板。运动员面朝下进入机器，双肩位于机器中间，双脚分开，与肩同宽，放在踏板上。运动员将背部拱起，伸直双腿完成动作。

　　因为这个练习对稳定性的要求较低，而且由于踏板被放在斜坡上，所以运动员做这个练习时的负重通常大于箱式深蹲。一定要注意负重较大时不要从最低位置猛地跳起，否则会压迫腰部和膝盖。

举重链条

　　虽然举重链条被广泛用于力量训练是近几年的事情（见图6.5），但是它在现代抗阻训练的早期就已存在。大约50年前，诺德士（Nautilus）健身器械有限公司的发明家阿瑟·琼斯（Arthur Jones）就记录了关于举重链条的实验。当时琼斯没有继续研究链条，而是决定使用贝壳状的凸轮来改变机器的阻力。

图6.5　在运动员举起负重时，举重链条使杠铃越来越重，迫使肌肉在整个训练过程中更加用力

　　举重链条可用于深蹲及其所有的变式。基于可变阻力的概念，运动员举重时，杠铃在举重链条的作用下变得越来越重。因此，肌肉在整个举重过程中需

要尽可能用力。

通常情况下，在快完成举重时，给运动员增加约10%的重量最为有益。因为深蹲的运动范围大于卧推，所以举重时所增加的重量则要视情况而定。例如，55磅的链条可为深蹲增加55磅的重量，但只为卧推增加37磅的重量。下面是关于深蹲的一些具体指导原则。

- V形链条（15磅）：这种链条是为深蹲负重低于300磅的运动员而设计的。
- 全状态链条（25磅）：这种链条用于深蹲负重为300到400磅的运动员。
- 全美链条（55磅）：这种链条用于深蹲负重超过400磅的运动员。两根链条可以被很方便地安装到杠铃两端，这便于创建不同的重量组合。将全状态链条和全美链条结合使用，可以为深蹲增加95磅的重量。

教练或运动员应该记录杠铃的重量及运动员所使用链条的代码。VC代表V形链条（varsity chain），AS代表全状态（all-state）链条，AA代表全美（all-American）链条。例如，若杠铃重185磅，且使用了V形链条，则应记录为"185VC"。

举重链条对举重很有帮助。借助举重链条，运动员便于增加负重。

深蹲是运动员在力量房里最有效的训练方式。如果运动员学会了如何正确深蹲，那么他的努力将会得到回报，获得卓越的运动表现水平。

第7章

高翻和快速举重

高翻运动有幸留存。多年来，那些认为这一BFS关键练习对运动员没有什么价值的人、认为它有危险的人及认为它难以被教授的人，一直在反对它。他们错了，它的幸存使那些想跑得更快、跳得更高、更有力量的人受益。为什么会有这么多反对的声音？也许，如同生活中的其他方面，你必须考虑经济因素。

很多针对"高翻"的批评来自于专门销售健身器械的公司。虽然固定器械在体能项目（特别是在损伤康复领域）中占据着举足轻重的地位，但是许多固定器械制造商将强烈反对高翻作为一种营销工具，以销售更多的器械。因为，如果你要为力量房配备平台和自由举重器械，那么这些公司就不能卖给你那么多固定器械！让我们先了解一下目前的举重环境。

一项涉及137名一级教练的调查发现，85%的人在训练运动员时使用了高翻等奥举动作。在美国职业橄榄球大联盟（NFL），这一比例是88%。高中橄榄球项目亦是如此，尤其是那些享有胜利传统的项目。原因如下。

高翻可以加大四肢的运动范围，正因为如此，高翻是提升被运动科学家称为力的产生速率的最佳运动之一。它与深蹲等传统的力量举不同，出于安全考虑，需要更多的时间来使重量减速——事实上，施加最大的力的时机只出现在练习开始的阶段。在同行评审期刊上，也有相当多的实践证据支持这一观点，即高翻是一种训练爆发力的极好方法。

2004年，新泽西州立大学健康与运动科学系的研究人员对20名参加三级联赛的大学生运动员进行了为期15周的举重训练研究。研究人员将这20名运动员分为两组、一组运动员进行力量举练习，如深蹲，而另一组运动员则进行奥举练习，如高翻。虽然结果表明两组运动员的纵向跳跃（运动爆发力的一种标准测试）高度都得到了提高，但作者表示"结果表明，在纵向跳跃成绩的变化上，进行奥举练习的运动员所取得的进步比进行力量举练习的运动员更明显"（Hoffman et al., 2004）。

事实上，1999年发表在*Journal of Strength and Conditioning Research*上的一项研究（McBride et al., 1999）表明，奥举运动员不仅纵向跳跃高度大于力量举运动员，而且在负重44磅和88磅的情况下依旧如此。此外，2009年发表在*Journal of Physical Education and Sport Science*上的一项研究（Arabatzi et al., 2009）发现，抓举等运动在生物力学上与纵向跳跃相似。奥举可以被描述为负重跳跃。

力量和爆发力提升训练方面应用最广泛的述评论文之一，发表在2015年12月的*Strength and Conditioning Journal*上。该研究比较了深蹲和高翻运动，结果发现在进行少于10米或40米的冲刺跑时，练习高翻的运动员成绩更优。原因在于，对于短跑运动员而言，爆发力比力量更重要，而在提升爆发力方面，奥举运动优于深蹲。

体积可以变大的快肌纤维主要有两种：IIa型和更强大的IIb型。爆发性举重运动如高翻，能更好地作用于IIb型快肌纤维。奥举运动员的斜方肌、腰肌和腘绳肌的增大，则是由于IIb型纤维的发育。2003年，发表在*Journal of Strength and Conditioning Research*上的一项研究发现，奥举运动员比力量举运动员和健美运动员拥有更多的II型纤维。如果你想在运动时具有尽可能多的功能肌肉量，那么你需要进行高翻运动。

但是如何看待高翻是危险运动这一观点呢？高翻运动中，运动员不仅要爆发式地举起负重，还必须能抓住它。实际上，高翻运动能教会运动员迅速控制在举重过程中产生的冲击或破坏力。当你了解到越来越多的运动员遭受前交叉韧带损伤时，你就会发现，能够应对运动比赛中发生在踝关节和膝关节的动态破坏力是多么有益。此外，运动员应对这些破坏力的速度越快，只能在训练场或赛场上移动得越快。

此外，奥举及其辅助练习，如高翻，都属于高效运动，即进行这些运动会同时激活许多肌肉群，运动效果显著。要想在常规训练中达到与高翻运动相似的效果，运动员必须完成腿推举、背部伸展、提踵、耸肩、向上划船和肱二头肌弯举——即使这样，也会有一些肌肉被忽视。如果运动员即将要进行全蹲运动，那么还要在上述运动中增加深蹲及上挺运动。至此，肩部和手臂的肌肉才得到了锻炼。

在许多体育项目中，时间是一个主要的限制因素，所以重要的是进行高翻等运动，这样才能在最短时间内达到最优效果。

高翻是最受欢迎的快速举重运动，因为我们在此基础上制定了BFS项目的标准，所以我们建议首先使用这项训练。高翻运动难以教授吗？当然不是！只要有适当的教学资料及懂行的教练即可。BFS每年向年轻运动员提供多达400节实践课，已延续40多年。所有这些实践课都教授高翻运动，我们经常看到许多运动员从对高翻运动一无所知到技术娴熟，运动表现水平逐渐得到改善。

安全指南

在解释如何进行高翻运动之前，你需要了解一些一般的安全知识。首先，一组动作的重复次数不能超过五次。高翻运动是一种复杂的举重运动，很难在进行多次重复的同时还能保持良好的技术表现。此外，重复次数过多，难以使快肌纤维得到最佳锻炼。

其次，由于高翻运动很容易使这些肌肉纤维被过度锻炼，所以你可能每周只能使用最大负重锻炼一次。负重较轻时，应注意运动技术和提高举重速度。

最后，即使使用橡胶缓冲平台，在重复动作期间让杠铃从地上弹起并举起它也是错误的做法，虽然这可以使你举起更大的重量，但是会对脊柱造成压力。此外，将杠铃完全放下再举起，可以有效增强臀大肌和腘绳肌。

我们建议向一位能够完成快速举重练习且经验丰富的力量教练学习高翻运动，或者师从学习我们技术视频的教练。下述六个技术要点，将有助于确保你正确地完成举重（见图7.1）。

高　翻

举重前技术

1. **以跳跃姿势开始。**简言之，高翻就是负重跳跃，因此进行高翻运动前应该呈跳跃姿势。手臂伸直抓握杠铃，双手分开与肩同宽，肘部与膝盖在一条直线上。重要的是让杠铃靠近小腿，这不仅能让你举起更大的重量，还能保护腰部。在实践课上，我们常会告诉运动员的一个原则是"感受杠铃"。

2. **固定下背部。**背部下凹能助你将爆发力从下身转移到杠铃。扩胸！另一个有助于你做好这个姿势的技术是下巴微抬。

3. **伸展腿部和髋部。**杠铃拉到最高时，手和肩才开始发力，而不是开始时。开始上拉时，要保持手臂伸直，不要从地板上猛地拉起负重，而是用腿和髋部的力量向上移动杠铃。

举重技术

1. **开始上拉时，让杠铃靠近身体。**在保证自身安全的前提下，以最大的爆发力完成练习，必须始终将杠铃靠近身体。要做到这一点，在开始上拉杠铃时身体会稍微向后移动，而不是垂直上下移动。当杠铃到达大腿中部时，肩部应该稍微位于杠铃的前方，此时会产生类似纵向跳跃时极大的向上爆发力。

2. **结束上拉时，肘部抬高。**当杠铃到达膝盖时，双肩和双臂开始对杠铃施力。一直将杠铃向上举起，肩部靠近耳朵，肘部抬高。这些技术也将帮助你在开始接杠时保持杠铃接近身体。

3. **爆发式地将杠铃举起。**将杠铃举到最高处时，肘部在杠铃下方向前，双脚呈运动姿势。将杠铃举起时，背部应该呈下凹状态。

图7.1 高翻顺序：高翻可看作负重跳跃

图7.1（续）

监　测

经验丰富的运动员都不会在快速举重运动时让监测员在旁边。监测员试图抓住抓举时负重或接住高翻时负重的动作是十分危险的。因为运动员的动作非常快，监测员的干扰可能导致运动员位置的改变，从而造成受伤。虽然不需要监测员，但是必须准备具有橡胶涂层或坚实的橡胶缓冲平台，这样运动员在放下杠铃时，杠铃及平台就不会受到破坏。

如果初学者负重较轻，或只是在学习如何举重，那么允许监测员站在运动员身后监测。初学者有向后跌倒的倾向，如果他们身后没有足够的空间（举重平台通常设置在靠近墙壁的地方），可能会受重伤。监测员会将双臂前平举（就像做站立式俯卧撑），站在运动员身后，轻轻推运动员的上背部，防止运动员向后摔倒。同样，监测员只能在负重较轻的初学者进行高翻运动时进行监测。

高　抓

高抓是一种高级的辅助练习，可以代替高翻；这两项运动基本上会用到相同的肌肉，也能增强爆发力。这两种举重的主要区别在于，高翻时要将杠铃放在肩上，而高抓时则应将杠铃举至头顶。此外，高抓时双手间距更宽。

我们建议首先学习高翻，因为高翻负重更大，能增加更多的肌肉量，且更容易为大多数运动员所掌握。而这两种运动具有相似性，一旦掌握了高翻，高抓会相对更容易掌握。

尝试高抓有如下几个理由。首先，与高翻相比，高抓时手腕和肘部更加灵活，而且对上背部的柔韧性要求较低。有的运动员，尤其是那些前臂相对上臂较长的运动员，发现从杠铃架上取下杠铃时非常不舒服，而练习高抓则不涉及这样的问题。

高抓更多地作用于肩部外旋肌。棒球运动员和游泳运动员的肩部内旋肌比外旋肌发达。这种不平衡导致了一种不自然的头部前倾姿势，使肩部更容易受伤。运动员不需要做无趣的孤立训练，只需要在训练中加入高抓，便可以解决这个问题。

　　因为负重较轻，高抓的速度快于高翻。这对于提高跳跃能力而言是更加理想的选择。另外，由于高抓时双手间距更宽，因此它能通过更大范围的运动来增强腘绳肌、臀大肌和腰部肌肉。

　　高抓的姿势和高翻相同，只是高抓时双手、双臂的间距更宽（见图7.2）。一般的指导原则是，杠铃在头顶时，手臂应与身体中线呈45度角，这是抓杠方式。因为双手间距更大，开始时双腿就需要更加弯曲。高抓最不同于高翻的是，当杠铃达到最大高度时，双肩应该向后旋转，这样就可以使双臂继续向上运动，并稍处于头顶后方，此时双脚应向外呈运动姿势。

　　学习高抓和高翻时，教练也应该教授运动员如何放下杠铃和避免失误。教授这些内容时，教练应使用较轻负重进行讲解。高翻时，运动员只需要将杠铃向前推便可避免大多数失误造成的伤害。高抓时，杠铃经常会在运动员身后掉下，因此必须向他们展示如何旋转肩部并向前跳跃，以使负重安全地落在他们身后。推荐在经验丰富的举重教练的帮助下教授实践课。

　　对运动员来说，高抓是一种有趣的举重方式，因为杠铃在大运动范围

图7.2 高抓能代替高翻增强运动员的爆发力

中快速移动。试一试，我们相信你会认同我们的观点，并将高抓加入训练计划。

　　高翻及其他奥举运动已被证明是一种优越的运动形式，可以纳入任何旨在提高体能的力量训练计划。在技术上，高翻比其他BFS关键举重练习更复杂，但是花时间学习如何正确完成该项运动，是十分值得的。

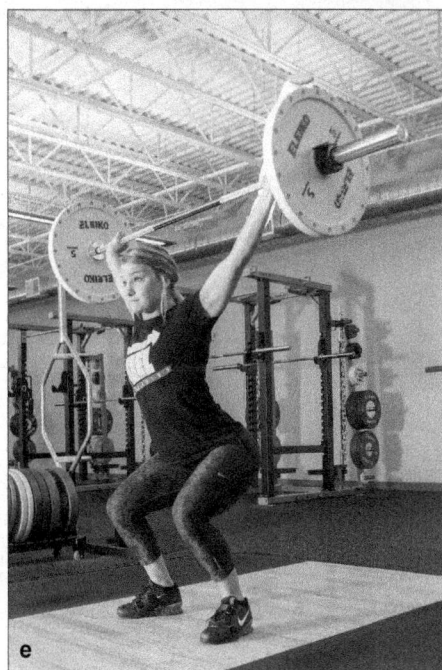

图7.2（续）

第8章

六角杠硬拉和硬拉变式

毫无疑问，直杠硬拉能很好地锻炼臀大肌、腘绳肌和腰部肌肉。事实上，创建BFS项目时，我们将其定为关键练习之一，并与高翻安排在同一天。但多年来，由于硬拉存在受伤风险，其益处一直为教练们所忽视。我们发现，许多教练不愿让运动员进行硬拉。但我们不能将所有责任全都归咎于教练。

虽然从技术角度看这似乎是一个简单的练习，但硬拉时，必须固定下背部以保护脊柱。在打破负重纪录时，有这样一种趋势：运动员，特别是年轻运动员，会拱起下背部，从而将一部分肌肉负荷转移到结缔组织和腰椎间盘上。这意味着背部肌肉放松，韧带需承受更多的压力。借助皮带，我们可以向举重运动员提供姿势反馈，告诉他们出现了方法错误，但这种预防措施也并不完备。

感谢布鲁斯·克莱门斯（Bruce Klemens）提供的图片

1975年，文斯·阿内洛（Vince Anello）成为第一个完成硬拉800磅的人。许多教练认可直杠硬拉，但研究表明，对大多数运动员来说，六角杠硬拉更具优越性

硬拉监测

　　为确保运动员安全，我们多年前就得出结论，将硬拉纳入训练计划的最好方式是建议在进行负重硬拉时让人在旁监测。监测能确保身体位置正确且重量由脚跟负载，因为将重心置于脚趾或脚掌会导致驼背，增加受伤风险。

　　监测硬拉时，监测员应将一只手压在运动员下背部，另一只手环绕运动员的肩部和胸腔。监测员应用肘部环绕肩膀，拳头或手紧靠运动员的胸腔中部。硬拉开始时，监测员在向运动员腰部施加力量的同时，应向上向后拉。

　　实践课上，我们将带监测的硬拉作为激励工具。硬拉与深蹲的结果不同：深蹲的深度不够，其效果会受到质疑，而硬拉却能真实测量出运动员的最大力量。在实践课结束时，让运动员硬拉负重达到极限，打破个人纪录，是启动非赛季项目的最佳方法。

　　这项运动的技术有多安全？自BFS项目成立40多年来，我们的实践课上从来没有出现过受伤案例，但是考虑到进行这种形式的监测需要掌握相当多的技术，而且对于运动员来说，以这种方式互相监测可能会很尴尬（或不舒服），多年来，我们一直想知道是否有更好的方法来进行硬拉，从而在举重训练中恢复这种有价值的练习。现在我们找到了。

　　大约10年前，我们听说了一种叫作六角杠的装置，它是一种六角形的杠铃，运动时双手位于六角形的两边。六角形可以让运动员在环形杠内进行练习。有一个类似的装置叫作三角棒，呈三角形。但我们发现，使用六角杠更容易保持平衡，而且当体形更大的运动员进入六角杠进行硬拉时，里面的空间很充足。

六角杠出现之前，运动员使用三角杠。经证明，六角杠是一个更好的设计，因为它给运动员提供了更大的空间，而且使用时运动员的稳定性更强

　　力量线是一条假想的线，穿过举重运动员的重心。六角杠使杠铃上的重量与力量线完全平衡。通过力量线进行硬拉可以降低受伤风险，因为躯干更挺拔，下背部更易固定。它还有助于提升运动员的最大爆发力。

　　负重离力量线越远，举重运动员损失的爆发力就越多。试想：将手臂向下伸直，杠铃靠在大腿上，负重45磅时你能支撑多长时间？可能能支撑很长时间。现在试着把杠铃举至距离大腿大约1英尺的地方，难度逐渐增加。杠铃离重心越远，就越难支撑，运动员损失的爆发力也就越多。此外，六角杠使运动员更容易使用正确的技术，所以我们不再需要监测员。

六角杠硬拉的运动益处

　　虽然我们可以将硬拉作为BFS项目的辅助练习，但我们发现对于想要跳得更高或跑得更快的运动员来说，六角杠硬拉是一种极好的锻炼方式。这不仅仅是我们的观点，发表在 *Journal of Strength and Conditioning Research* 上的一项研究（Swinton et al., 2011）也发现，与直杠硬拉相比，六角杠硬拉产生的峰值力、峰值速度和峰值功率值都要大得多。另一项发表在同一份期刊上的研究（Swinton et al., 2012）表明，六角杠负重跳跃优于杠铃深蹲跳。跳跃能力和冲刺速度取决于对地面施加的力，因此六角杠硬拉将是提高这些基本运动能力的一种较好的锻炼方式。

　　斯文顿等人（Swinton et al., 2011）发现，六角杠硬拉对下背部产生的压力更小——原因之一是六角杠硬拉时躯干更挺拔。与直杠硬拉相比，六角杠硬拉使下背部所承受的压力更小，这也使运动员每周都能使用六角杠进行高强度的训练，但以这种频率进行常规硬拉往往会导致过度训练。六角杠也适于进行耸肩训练，因为它不接触大腿。

　　克服对硬拉的恐惧是使用六角杠的目的。硬拉对下半身和躯干来说是一种极好的锻炼方式，但多年来恐惧已经掩盖了它的极大益处。教练和运动员一直担心和硬拉相关的大负重和高难度技术。克服这种恐惧的关键是技术正确。和所有的举重运动相同，技术正确可以消除潜在的伤害。使用六角杠，执行正确的技术变得更加容易。几乎对每个人而言，六角杠的应用使硬拉更加容易，且更富乐趣。

我们发现了一个有趣的现象，那就是运动员越强壮，使用六角杠硬拉和直杠硬拉间所存在的差异就越小。所以如果一个运动员能直杠硬拉200磅，那么就能六角杠硬拉300磅。然而，如果运动员能直杠硬拉600磅，那么他的六角杠硬拉可能只能负载650磅。此外，那些在直杠硬拉中更倾向于使用双腿的运动员，比如那些擅长相扑式（双腿间距较宽）硬拉的力量举运动员，在六角杠硬拉中的表现则相对更好，因为相扑式硬拉对腿部力量的要求相对更高。

标准的六角杠只有56英寸长，能节省很多空间；而普通奥举杠铃杆所占据的空间长86英寸，这使六角杠硬拉架不会占据太多空间。而且，杠铃杆的长度越短，负重与举重运动员之间的距离也就越近。这让举重运动员更具控制力和平衡性，使训练更有效、强度更大。

和所有BFS关键举重练习相同，保持纪录和设定目标很重要。对于男性运动员而言，BFS项目六角杠硬拉的大学标准为400磅，全州标准为500磅，全美标准为600磅；对于女性运动员而言，大学标准为235磅，全州标准为325磅，全美标准为415磅。

六角杠硬拉

毫无疑问，直杠硬拉对任何运动员来说都是一项很好的关键练习。然而，根据我们的经验和目前的研究结果，我们认为六角杠硬拉更具优势。

举重前技术

为完成六角杠硬拉，运动员应先进入六角杠的中心，呈BFS项目的跳跃姿势。然后，运动员深蹲，抓住六角杠两侧的把手（见图8.1a）。为了保持平衡，双手要放在把手的正中间。运动员应使髋部下降，扩胸，将下背部固定，稍仰头，目视前方，使双膝位于双脚的正上方。

举重技术

现在运动员借助双腿力量，穿过力量线将杠铃垂直向上举起（见图8.1b）。由于六角杠的独特设计，在整个举重过程中，负重一直与力量线保持一致。一旦举重运动员完全站起，第一次重复就完成了，应该准备进行第二次重复。运动员现在应该深蹲，再次固定下背部，扩胸，目视前方。为了最大限度地减少背部压力，运动员在进行第二次重复时，应使重物轻轻地从地面上弹起。两次重复的间隙，运动员不应在最低位置暂停或放松下背部肌肉，头部应该向上，下巴应该抬起，远离胸部。如果下巴接触到胸部，整个身体将处于危险中。

图8.1　举杠铃时，双手应位于身体两侧，而非前方。六角杠的设计使运动员硬拉时更易于掌握正确的方法。相比直杠硬拉，以这种方式硬拉可以使运动员更有效地产生最大爆发力

不同类型的六角杠

有很多不同类型的六角杠（见图8.2）可用于进行变式练习。

六角高杠

六角杠的一种极好的变式是六角高杠。两种杠铃基本相同，但是六角高杠的把手更高。六角高杠所允许的起始位置更高，高个儿运动员在训练时会更容易，因为他们不需要像使用常规六角杠那样屈膝。

大环形六角杠

虽然有的项目既可以使用常规六角杠，也可以使用六角高杠，但若想拓宽空间，则应使用大环形六角杠。只需简单地翻转杠铃，则可将其当作常规六角杠或六角高杠均可。如果你的力量房很大，有很多六角杠台，从经济适用的角度来看，可以将常规六角杠和六角高杠结合使用。而如果场地较小，使用大环形六角杠更为合理。

加重六角杠

随着六角杠的流行，我们发现越来越多的人硬拉时开始增加负重。为此，人们发明了加重六角杠。世界上第一个六角杠重75磅。这种杠铃把手相对较长，允许采用更大的负重。此外，也有青少年使用的六角杠，重量约15磅。处于BFS准备阶段或刚通过该项目的运动员可以使用较轻的负重。

我们认为有必要推广青少年六角杠，因为除了其他好处外，六角杠还能教会运动员固定下背部，这对于进行深蹲和高翻都很重要。然而，常规六角杠和奥运规格的金属或保险杠可能太重，难以使用它们进行重复运动。而重复是掌握良好技术的关键，这也是BFS准备项目的目标之一。

图8.2　六角杠有四种基本类型：a. 六角杠；b. 大环形六角杠；c. 加重六角杠；d. 青少年六角杠

直腿硬拉

　　同箱式深蹲一样，直腿硬拉也是BFS项目中颇具争议的练习。与箱式深蹲相同，人们对直腿硬拉的反对不是基于某些事实，而是基于对这项练习的目的和完成过程的误解。下面让我们来澄清误解。

　　为运动员设计体能训练计划，最重要的变量之一是练习选择，可选项有杠铃练习、哑铃练习、药球练习、增强式跳跃练习等。因为高中的器械有限，班级容量大，因此练习选项很少。

在BFS项目中，我们试图让练习选择变得简单。我们所描述的关键练习，如深蹲，全年均可用于发展力量。我们也有一些辅助练习，如器械腿臀起。我们可以根据运动员所进行的运动项目而使用它们。这些辅助举重项目模拟了运动项目中的特定动作，也可用于频繁受伤肌肉康复时的准备练习。在BFS系统中，六角杠硬拉是一种需要大量肌肉参与的多关节运动，它被认为是一种关键练习。这与孤立（单关节）训练相反，比如腿弯举被认为是一种辅助练习。直腿硬拉也应该用于辅助练习。因而当直腿硬拉被当作关键练习而不是辅助练习时，便出现了争议。

进行直腿硬拉时，我们使用直杠，且杠铃被放在身体前面（见图8.3）。这会减弱潜在的爆发力，且使脊柱弯曲，所以不应该通过在大负重下进行而将其视为增强力量的练习，而应将其视为拉伸练习。

图 8.3　直腿硬拉应在较低的平台上进行，它是拉伸腘绳肌和下背部的一种有效方式

　　我们为直腿硬拉推荐的技术是，负重要轻，且重复动作要缓慢、控制得当，俯身程度要深。初中生负重不应超过45磅——这里指的是总重45磅，而非杠铃两边各45磅。大多数高中女运动员负重应该为45到65磅，非常强壮、成熟的高中女运动员负重则不应超过95磅。非常强壮、成熟的高中男运动员负重不能超过135磅。任何运动员应该使用的最大负重应为平行蹲的40%。让运动员完成2组每组10次的练习，每周进行2次，不要超过这个数字，且负重应保持不变。

　　举重运动员应该以非常缓慢和控制得当的节奏开始直腿硬拉。其间应保持双腿伸直，膝盖固定（而非过度伸展）。运动员做腘绳肌拉伸时，不能弯曲膝盖，这和BFS项目中直腿硬拉的要求相同。他们可以在到达最低点时暂停片刻，然后再慢慢抬起。为了完成程度更深的拉伸，可以让他们站在一个较低的平台上，然后进行拉伸。

　　正如你所看到的，直腿硬拉不是一种力量和肌肉增大练习。相反，它主要是一种拉伸练习，类似于流行的拉伸运动，并作为体育考试的国家标准。基于这些原因，BFS项目认为直腿硬拉对任何运动员来说都是一项有价值的练习。

　　尽管直腿硬拉是一项很有价值的练习，但事实证明，六角杠硬拉可以降低受伤风险，而且是一种能够提高跳跃能力和跑步速度等基本运动能力的高级练习。我们还发现直腿硬拉作为一种动态拉伸形式，对运动员大有裨益。这就是为什么在BFS项目中，我们认为这两项练习应该成为任何运动员体能训练计划的一部分。

第9章

卧推和卧推变式

毫无疑问，卧推已经成为有史以来最受欢迎的力量练习。当然，毋庸置疑的是，深蹲是举重之王，它比任何上身练习都能更好地改善运动表现水平；在提高爆发力方面，高翻等奥举运动更为有效。但在衡量运动员的力量时，似乎所有人采用的标准都是卧推，因此运动员经常会被问及这样的问题："你能做几个卧推？"

在BFS项目中，我们认识到了卧推的价值所在。想要手臂、胸部和肩部更强壮吗？那一定要进行卧推。虽然有些健美运动员没有进行传统的卧推，或者已经达到了所需的肌肉量水平，需要集中精力进行其他训练，但是卧推对于塑造体形的作用仍然是毋庸置疑的。

BFS项目并非为力量举运动员而设计，而是为参加多种运动的运动员和对发展身体素质感兴趣的人而设计的。当然，我们鼓励运动员循序渐进地提高举重表现，但不能以牺牲其他练习为代价。

每周完成几次十几组或更多的卧推（这通常是竞技类力量举运动员的选择）会影响到其他举重项目或其他身体素质，如敏捷性或速度。另外，一直以同样的方式完成一项练习会增加过度使用损伤的风险。此外，如果任何运动员想要在各个方面得到增强，那么需要进行更多的卧推练习。

卧推及其受伤风险

为了增加负重，许多运动员采用宽握的方式。关于握杠宽度的研究（Green et al., 2007）发表在2007年5月的*Strength and Conditioning Journal*上。研究人员发现，如果握杠宽度超过肩宽的1.5倍，肩部承受的压力就会显著增加。肩宽是指两个肩峰之间的距离，肩峰是肩部的最高点。此外，研究人员发现，握杠宽度过宽没有必要，因为它不会对胸部或肩部的肌肉起到任何作用。

我们的系列教学视频描述和展示了如何正确地执行卧推技术，但有几点需要注意。首先，优秀的力量举运动员经常会使用空握的方式。这样的握杠姿势会使杠铃与前臂骨骼直线对齐，并增强杠杆作用，可以帮助一个人举起更多的重量。不利的一面是这种握法风险更高，因为杠铃很容易从手上滑落。这就是为什么我们不建议在高中阶段使用空握。

其次，为了举起更大的重量，运动员通常会采用宽握的方式，让杠铃在胸前弹起，或者完全拱起下背部。所有这些技术都有较高的受伤风险，因此我们不鼓励使用。虽然我们建议下背部微微拱起，但是有背部疼痛或有背部疼痛史的运动员完成训练时，背部必须呈更加中立的姿势，尽量不要拱起。

卧推监测和卧推器械

接下来，我们意识到，在某种程度上，在卧推服这样的辅助装备的帮助下，运动员能推起极大的重量——在编写本书期间，几名男性运动员举起了超过1000磅的重量，两名女性运动员举起了超过500磅的重量。然而，我们认为除了正在治疗损伤的运动员外，不应使用这种装备。此外，使用这种装备花费时间过多，并不实用，所以不宜在高中使用。

必须强调的是，卧推是力量房里最危险的练习——事实上，许多人死于举重时的意外事故。如果没有监测员，或者训练不当，或者只是不注意，运动员就可能受到严重的伤害。力量教练不应该假定运动员知道如何监测，而应该让所有的运动员在举重前向自己展示正确的监测技术。虽然通常一个监测员就已足够，但是BFS项目建议，若条件允许则可安排三个监测员（一个监测员站在运动员后方，其余两个站在两侧），尤其是负重很大时。

如果没有监测员（我们不建议在此种情况下举重），那么举重应该在装有安全杠的举重架内进行。安全杠应安装在合适的高度，当运动员对杠铃失去掌控或难以完成动作时，安全杠可以接住负重以保证运动员安全。同样，我们不建议运动员在监测员没有经过训练的情况下进行举重。

举重器械应配有防滑垫，以防止运动员滑倒，并且其支架上应该有一个宽的轭架，这样运动员可以在完成训练后很容易地将杠铃放回支架。如果运动员的身高不够高，双脚不能触地，那么应在运动员脚下放一块杠铃片或小平台，以便身体在举重过程中保持稳定。此外，杠铃上应有足够的花纹，运动员也可以手涂镁粉防滑，使双手抓得更稳。

在大多数卧推练习中，都可以用哑铃代替杠铃。这样做的好处是活动范围更大，使稳定肩部的肌肉得到更大的锻炼。此外，举重时用哑铃，双手可以旋转活动，运动员肩上的压力会减小（比如运动员通过旋转双手，运动到最低点时其双手就处于中立位置：双手相对）。然而，这种不稳定性也意味着负重不能太重，否则会降低力量和肌肉的增强效果。

现在我们来了解合理技术的基本原理。

卧　推

卧推姿势得当不仅可以防止运动员受伤，还能最大限度地提升力量训练的效果。

举重前技术

- **身体姿势。**从正确的身体姿势开始，让杠铃位于眼睛的正上方。这个姿势能提供足够的空间，防止举重时杠铃打到立柱或安全杠。双腿分开，并把脚平放在地板上，位于膝盖的正下方，以保证身体的稳定性。初学举重的运动员常犯的一个错误是卧推时双脚离开地板，基础稳定性被破坏，致使举重效果达不到最佳。

- **肩部姿势。**双手放在杠铃杆上合适的位置，肩部向髋部下推。下背部轻微拱起，尽量挺胸。虽然这个姿势一开始可能让人有点不舒服，但它提供了最好的力学优势，降低了把髋部抬离卧推凳的可能性。

- **双手间距。**双手间距会影响肘部的位置，而肘部的位置又会影响肌肉的增强效果。间距过宽，肘部会远离身体，给胸部造成过大压力。当杠铃触及胸部时，双肘应该保持正确的角度。而双手间距过窄，会迫使肘部向内给肱三头肌造成压力。

  大多数卧推冠军和竞技类力量举运动员都采用宽握姿势。但是除了铁饼投掷外，很少有运动会使用宽握姿势。例如，橄榄球运动员在场上时手臂和肘部常靠得很近。因此，防守前锋和后卫球员卧推时都采用窄握姿势，手肘向内。

举重技术

与平行蹲相似，卧推有四个主要阶段：开始、下降、在胸部暂停和向上推动。在卧推的各个阶段，你必须专注于完美的技术，卧推才能达到最大的效果（见图9.1）。

- **开始。**让监测员协助运动员举起负重，至运动员咽喉的正上方。在运动员将杠铃固定在伸展的手臂上且保持其静止不动之前，监测员不应将双手从杠铃上移开。

图9.1 常规卧推和毛巾卧推的运动模式相同。建议运动时安排一名监测员

- **下降。**运动员深呼吸，握住杠铃保持不动，然后以一种均匀可控的方式让杠铃朝胸骨的下部下降。（女运动员会发现，与男运动员相比，她们必须让杠铃离胸骨更远些。）

- **在胸部暂停。**在这个阶段，与宽握相比，窄握会使肘部更偏向内侧。运动员应保持扩胸，固定下背部，眼看目标。

- **向上推动。**现在将杠铃朝上且朝咽喉处微微向后推。从暂停位置开始向上推动时，继续屏住呼吸；将杠铃举至感觉最困难的位置或粘滞点时呼气。在向上推动的全过程中，眼睛应始终看着杠铃。当运动员完成一组动作后，监测员应该抓住杠铃并帮助运动员把它放回支架。

- **呼吸。**当杠铃下降时，深吸一口气。碰到胸部后向上推动到半空，在此之前，都需要屏住呼吸。此时，运动员可以用力呼气。一些运动员在用力呼气时会发出很大的声音。这种方法会使身体的各个部位保持稳定，且产生心理益处，多次重复时效果尤佳。

- **紧握杠铃。**在尝试最大负重前，紧握杠铃是一种非常有益的技术，可帮助运动员增加5磅的负重。这个技术也有助于减轻运动员肘部的压力。

- **角度。**卧推时，杠铃不能直上直下，而应与举重架或运动员的脸呈一个小角度。（竞技类力量举运动员经常采用上下移动杠铃这种技术，但是这种方法应被视为例外。）

- **专注。**如果杠铃达到粘滞点，运动员可以将力量集中在较弱的手臂上，固定杠铃。有些运动员用力时闭着眼睛，这是不对的。运动过程中，运动员的眼睛应该一直睁开，视线集中在头顶上的一个点。

- **监测。**正确的监测对于预防卧推过程中的事故尤为重要。一般情况下，中间的监测员能对现场进行更多的控制。倘若杠铃较重，如300磅，向空中上推时应由两名监测员监测。

三到四人一组进行锻炼最佳，可以让每个人都参与监测。主监测员位于杠铃中间的后方协助运动员举起杠铃。如果运动员完成动作有困难，主监测员可在粘滞点给予帮助。两侧的监测员则应站在杠铃两侧，只有当主监测员提示需要帮助或运动员不能从胸部举起杠铃时，两侧的监测员才应给予帮助。

卧推变式

在BFS项目中，我们认为运动员应该使用各种卧推变式，包括毛巾卧推、上斜杠铃卧推、下斜杠铃卧推和单侧卧推。借助这些变式可以在不同角度对关节施加压力，预防过度使用损伤，还可以在与专项运动非常相似的动作中提供相应的阻力。

毛巾卧推或胶块卧推

人们对卧推的批评之一是，把杠铃放在胸部会对肩部的结缔组织造成很大的压力，一周几次时尤甚。在衬衫下放一条卷起来的毛巾，或将一块胶块固定在杠铃上，可以限制举重的运动范围，这样可以将压力减到最小，提高卧推频率。因为胶块放在衬衣外面，所以在高中很受欢迎。但如果使用的是毛巾，则不能让运动员共用。

在BFS非赛季项目中，一个常见的训练计划是在周一进行标准卧推，周五进行毛巾或胶块卧推。这个计划的优点是可以全年执行。此外，由于箱式深蹲的运动范围有限，不会对恢复造成压力，因此运动员可以在比赛前一天甚至在比赛当天进行该练习，不会对比赛产生不良影响。

上斜杠铃卧推、下斜杠铃卧推

射击运动员适合进行上斜杠铃卧推，特定泳姿的运动员则适合下斜杠铃卧推。因为下斜杠铃卧推比上斜杠铃卧推及传统卧推负重更多，所以进行下斜杠铃卧推有助于运动员建立自信。然而，重要的是，进行下斜杠铃卧推时，应该在卧推凳上安装固定腿部的装置，这样运动员在举重过程中就不会滑动（见图9.2）。

图9.2　与标准卧推相比，上斜杠铃卧推适用于更多运动。需要注意在举重过程中监测员双手放在杠铃下方的方式，以最大限度地确保运动员的安全

窄握卧推、反握卧推

　　窄握卧推时双手靠近，侧重于增强肱三头肌。反握卧推指手掌面向自己进行举重（仰卧握）。反握卧推同样侧重于增强肱三头肌。超大重量级力量举运动员安东尼·克拉克（Anthony Clark）使用反推卧推打破了世界纪录，这种练习因此被推广。当运动员采用反握卧推时，监测员要非常小心地将杠铃从支架上取下并放回，这一点非常重要，因为杠杆作用发生了改变，单靠运动员自己很难做到这一点。

单侧卧推

　　单侧卧推在橄榄球运动员中很受欢迎，它是在一种特殊器械上进行的运动。这种器械可以使运动员以站立姿势开始卧推，且每次只能用一只手臂。因为肩胛不用固定到凳子上，所以这种运动更自然，对上半身的压力更小。因其属站立运动，所以更多肌肉群也会参与其中。

　　卧推能很好地锻炼上半身，如增强胸部、肩部和肱三头肌。通过特别注意，使用正确的姿势、合适的器械并配备训练有素且认真细心的监测员，可以将受伤和出现事故的风险降到最低。

第10章

专项运动的辅助举重

辅助举重是一种特殊的训练项目，这种训练项目针对专项运动，可以预防体育运动中常见的受伤现象。引体向上和高位下拉是棒球运动员的专项练习，因为背阔肌使上臂内旋。上斜杠铃卧推是铅球运动员或拳击手的专项练习，因为它们的运动模式相似。颈部练习对于预防橄榄球和摔跤中的受伤现象极为重要。然而，对于篮球和棒球运动员来说，颈部练习却没有那么重要。

辅助练习并不会获得像关键举重练习那样足够的关注。辅助练习最好在关键举重练习后进行，并且只需要做两组，每组10次。然而，对于运动器械有限的运动员而言，则需要将关键举重练习和辅助举重交替进行，这一部分内容将会在第15章进行详细讲述。

在一周内，最多应选择5项辅助练习。我们已经证实，倘若辅助练习超过5项，便会引起很多问题，因为在那种情况下，运动员将不会有充足的时间和能量来完成专项运动所需要的冲刺训练、耐力训练、柔韧性训练、快速伸缩复合训练、敏捷性训练等。运动员的终极目标是开发自己的潜力，所以需要协调这些训练。鉴于此，运动员应只选择那些能够帮他们高效达成终极目标的练习。

哪些辅助练习是最好的呢？我们BFS项目的实践教师评定了100项辅助举重，并且列出了深受年轻运动员喜爱的练习。为了预防受伤，明智的做法是至少选择一种辅助练习，专门锻炼运动员在所选择的运动项目中经常受伤的部位。下面就是几个流行的运动项目中，运动员运动时经常会受伤的身体部位。

借助辅助练习，有助于减少这些损伤情况的发生。

橄榄球：膝盖和腘绳肌。

羽毛球：肩部，肘部和手腕。

棒球：肩部和肘部，脚踝和膝盖。

骑自行车：膝盖和下背部。

长跑：膝盖和脚踝。

曲棍球：腘绳肌和脚踝。

冰上曲棍球：肩部和内收肌。

足球：脚踝和膝盖。

游泳：肩部和颈部。

网球：肩部和肘部。

田径（短跑）：腘绳肌和膝盖。

运动训练的频率也会对受伤情况产生影响。相比于一般的非职业运动员，职业运动员和优秀的非职业运动员训练时间更久、强度更大。因此，很多优秀的运动员为了继续运动常常会带伤训练，尤其是像橄榄球这样的身体接触类运动项目，但是没有哪一项运动是绝对安全的。一项针对1 144名高尔夫运动员的调查发现，10岁以下出现身体损伤的高尔夫运动员，会比18岁以上出现损伤的运动员有更高的受伤概率。该调查还指出，凯恩等人（Caine et al., 1996）的著作*Epidemiology of Sports Injuries*讨论了24种运动的受伤情况，值得一读。该书涵盖了24个运动项目，讨论了这些项目中损伤的发生率、特点、严重程度和引发它们的危险因素。

我们把这些辅助举重分为两类：标准辅助举重和高级辅助举重。

标准辅助举重

标准辅助练习相对安全，易操作。相比于高级辅助练习而言，它需要较少的指导和举重专业知识。在我们所列出的标准辅助举重中，上斜杠铃卧推是唯一需要监测员监测的。当然，教练必须要确保运动员能正确地完成这些练习，并且为全部的训练提供监督和指导。

除了器械腿臀起和展背训练器，大部分高中和大学体育馆已经具备了这些训练所需要的设备。BFS项目高级辅助练习也包含器械腿臀起。

表10.1展示了在每周训练中，如何组织标准辅助练习。表10.2列举了所有的辅助练习及其最适合的运动。

表10.1　每周辅助举重计划

星期一	星期三	星期五
颈部练习	背部下拉	颈部训练
腿弯举	负重臂屈伸	腿弯举
腿推举	上斜杠铃卧推	腿伸展
器械腿臀起	肩部推举	器械腿臀起
直腿硬拉	哑铃弓步下蹲	直腿硬拉

表10.2　专项运动的辅助练习

	BB	BK	CH	FB	FH	GF	GYM	HK	LAC	RUG	SK/SB	SOC	SB	SW	TN	TK	VB	WR	XC
标准辅助举重																			
臂屈伸	×	×	×	×			×		×		×	×	×	×	×	×			×
上斜杠铃卧推	×		×	×						×	×							×	
背部下拉	×		×	×	×		×	×	×		×	×	×	×	×	×	×	×	×
腿弯举		×				×					×	×		×		×			×
腿伸展								×			×	×							
腿推举		×					×	×	×	×	×	×	×		×	×	×		
哑铃弓步下蹲	×	×	×	×			×	×	×	×	×	×	×	×	×	×	×	×	×
颈部训练			×	×		×				×	×	×							
肩部推举	×	×	×	×			×	×	×	×	×	×	×	×	×	×	×	×	
器械腿臂起	×	×	×	×			×	×	×	×	×	×	×		×	×	×	×	
直腿硬拉	×	×	×	×			×	×	×	×	×	×	×		×	×	×	×	
高级辅助举重*																			
借力挺举			×				×			×		×		×					
借力推举				×															

BB（Baseball）：棒球；BK（Basketball）：篮球；CH（Cheerleading）：啦啦操；FB（Football）：美式橄榄球；FH（Field hockey）：曲棍球；GF（Golf）：高尔夫球；GYM（Gymnastics）：体操；HK（Hockey）：冰球；LAC（Lacrosse）：长曲棍球；RUG（Rugby）：英式橄榄球；SK/SB（Skiing/Snowboarding）：滑雪/单板滑雪；SOC（Soccer）：足球；SB（Softball）：垒球；SW（Swimming）：游泳；TN（Tennis）：网球；TK（Track）：跑步；VB（Volleyball）：排球；WR（Wrestling）：摔跤；XC（Cross country）：越野跑。

*爆发力平衡练习适用于所有运动项目，特别是作为热身运动。
直腿硬拉和器械腿臂起适用于所有运动项目。

臂屈伸

对于体操运动员、滑雪运动员、啦啦操运动员和游泳运动员而言，臂屈伸是一种标准练习，能有效训练肩部、胸肌和肱三头肌（见图10.1）。

开始姿势

紧握臂屈伸器械的把手，伸展手臂，将其置于肩部正下方。目视前方。

动作

身体缓慢下降，使双肘屈曲至上臂与地面平行，再回到开始姿势；灵活性极佳和姿势标准的运动员可以扩大运动范围。当能够轻松完成练习之后，可以使用臂屈伸带增加阻力。

呼吸

身体下降时吸气，双臂伸直时呼气。

图10.1 臂屈伸是一种有效训练肩部、胸肌和肱三头肌的练习

器械腿臀起

器械腿臀起作为BFS训练中最受欢迎的练习，也是唯一能训练腘绳肌的伸髋和屈膝功能的练习（见图10.2）。这就使该练习成为一种提升跳跃能力、跑步速度及预防膝盖受伤的理想运动。虽然我们难以界定器械腿臀起无助于哪种运动，但是能确定其对短跑、足球、美式橄榄球、篮球和排球最为有益。

开始姿势

面朝下，趴在展背训练器或者腿臀起器械上，调整髋部下方的垫子使髋部骨骼在器械边缘微微舒展。脚踝勾住带垫滚筒，双手在胸前交叉（最容易的版本）或放在头部后方（较为困难的版本）。当你变得愈加强壮时，可以手持药球或重量板进行训练。

图10.2 器械腿臀起的独特之处是它增强了腘绳肌的伸髋和屈膝功能

动作

使头部和脊柱处于一条直线上，抬起身体直至其与地板平行。屈曲膝盖，继续抬起身体。然后反向运动回到开始姿势。

呼吸

屏住呼吸，一直抬高身体。身体降低或结束时呼气。

上斜杠铃卧推

平板卧推变式更重视肩部肌肉的训练，而非胸肌的训练。这一运动模式更适用于美式橄榄球里的拦截、摔跤及铅球中的推球出手。该训练始终需要安排监测员监测（见图10.3）。

开始姿势

面部朝上仰卧在上斜杠铃卧推器械上，双腿分开，与肩同宽，双脚平放在地板上。举手过肩握住杠铃，握距宽于肩宽，此时需要监测员帮助你将杠铃举至双臂能伸展的最高位置。

图10.3 与杠铃卧推相比，上斜杠铃卧推适用于更多运动项目，如铅球中的推球出手

动作

将杠铃降低至胸部上方，同时双肘稍微朝下，不要向身体外侧展开。当杠铃接触胸部后，再将杠铃推回到开始姿势。完成一组动作后，请监测员帮助你把杠铃放回支架。

呼吸

屏住呼吸，降低杠铃，暂停几秒，推高杠铃使双臂伸展。在杠铃通过粘滞点后呼气，并上推杠铃。

背部下拉

背部下拉能训练上背部的一些主要肌肉，尤其是背阔肌和肱二头肌。背部下拉对游泳、网球和任何投掷类运动，如棒球，都极具价值。特别是对于那些较重或因身体较弱而无法完成引体向上的运动员来说，这是一种不错的替代选择。此练习需要借助带有直杠的背部下拉器械来进行。例如，一个V形把手就能让你完成这项练习，双手可采用近距且平行的握法（见图10.4）。

开始姿势

双手过肩紧握直杠，间距稍微大于肩宽。坐在器械上，面朝举重架，并将双腿放在大腿垫下方。目视前方。

动作

把杠拉至胸前，同时身体轻微后倾。当杠铃接触胸部时，双侧肩胛骨朝一个方向靠拢。再把杠放回到开始的位置。

呼吸

将杠朝胸部拉动，呼气；将杠放回到开始位置时吸气。

图10.4　对于那些不能完成引体向上的运动员而言，背部下拉是一种很好的上背部替代练习

腿弯举

腿弯举能提升腘绳肌的屈膝功能，尤其适用于短跑和足球运动员。一些器械制造商会专门提供Ｖ形板凳，以减少下背部过度伸展，降低不适感（见图10.5）。

开始姿势

俯卧在器械上，脚踝置于垫子后面，膝盖和滑轮中心对齐。

动作

屈曲膝盖，向臀部方向拉动脚踝的垫子，然后回到开始姿势。慢慢完成这个练习——动作不要过快。如果在训练过程中不能做到完全伸展，则有可能是因为负重过重，或者膝盖没有和滑轮中心对齐。

呼吸

屏住呼吸，屈曲膝盖，下降过程中呼气。

图10.5　腿弯举是训练腘绳肌的屈膝功能的最佳练习

腿伸展

腿伸展这种广受欢迎的腿部练习可以训练股四头肌，并且经常用于膝盖康复训练（见图10.6）。

开始姿势

坐在腿伸展器械上，紧握把手稳定身体。调节垫子位置，使其刚好位于脚踝正前方。将垫子放在脚上面会给胫骨和膝盖施加太多的压力。

动作

抬高脚踝处的垫子，直到膝盖伸直。慢慢降低垫子回到开始姿势。

呼吸

双腿抬起重量时呼气，降低时吸气。

图10.6　腿伸展是一项广受欢迎的练习，经常用于膝盖康复训练

腿推举

腿推举是增强股四头肌力量的一种广受欢迎的练习。腿推举器械能支撑下背部，可以避免受伤的运动员下蹲时再次受伤（见图10.7）。排球和篮球运动员认为这种训练项目能极大地提升他们的运动能力。

开始姿势

将身体放置于器械上，双脚平放在踏板上，背部和肩部完全接触座位靠背，紧握把手。双腿伸直并固定位置，然后打开安全挡，以便在全部运动范围内灵活调整重量。

动作

尽可能舒适地降低重量，并避免因重量减少而出现下背部拱起。如果达不到上述要求，则有可能是因为施加了太多的重量。把踏板降低到合适的位置，再伸展腿部使其回到开始姿势。当你完成一组训练所规定的重复次数时，应转动安全挡以确保安全。

呼吸

屏住呼吸，屈曲膝盖，当你通过粘滞点后呼气，并推起重量。

图10.7　腿推举是一种适用于无法完成深蹲的运动员的练习

哑铃弓步下蹲

弓步下蹲是一种较为简单的练习，并且能在全部运动范围内增强股四头肌和腘绳肌，而分腿弓步动作更适用于跑步运动。短跑、足球和摔跤运动员应该把它作为主要的辅助练习。因为需要多次练习才能熟练完成哑铃弓步下蹲，所以该练习有助于初学者掌握规范的动作形式（见图10.8）。

开始姿势

每只手紧握一个哑铃，手心相对，双脚分开与髋部同宽。挺胸抬头，肩部朝后，目视前方。

动作

向前迈一步，降低髋部，使膝盖降到不接触地面的最低点。将腿收回，回到开始姿势。换另一条腿重复上述动作。每条腿各弓步下蹲一次算一次重复。

呼吸

屏住呼吸，弓步向前，当你通过粘滞点后，呼气。

图10.8　哑铃弓步下蹲是跑步运动员的一种专项练习，可以增强股四头肌和腘绳肌

颈部练习

训练颈部肌肉可以预防运动中的严重损伤，如在美式橄榄球、摔跤和足球中。颈部训练也可以降低发生脑震荡的风险（见图10.9）。

开始姿势

颈部训练器械能完成4种不同的练习，可使肌肉屈曲、伸展及侧屈。所以在器械上完成所有练习时，你将会有4种不同的方向可以选择。

动作

根据你的坐姿，你可以让颈部屈曲、伸展或侧屈，来训练具备相应功能的特定肌肉。慢慢地完成这些练习，不要猛地一下将重量推开。

呼吸

开始做每一个动作时呼气，回到开始姿势时吸气。

图10.9 颈部训练器械能使运动员安全并且精准地训练颈部的主要肌肉

肩部推举

肩部推举，或者叫军式推举，是训练肩部和肱三头肌的极佳练习（见图 10.10）。排球和篮球运动员，以及美式橄榄球和长曲棍球运动员都应该考虑在训练中采用该练习。该练习在站姿或坐姿状态下皆可进行。

开始姿势

双手过肩抓举杠铃，将其放在肩部，握距与肩同宽。

动作

双臂伸展上推杠铃过头，然后降低杠铃回到肩部位置。在开始上推杠铃过头时，身体需要稍微后倾，但是不要过度后倾，以防拉伤后背。

呼吸

屏住呼吸，上推杠铃过头，双臂完全伸直时呼气。杠铃降低时吸气。

图 10.10　肩部推举是一项非常理想的肩部练习，在站姿或坐姿状态下皆可进行

直腿硬拉

这是一项提升腘绳肌柔韧性和拉伸后背肌肉的极佳练习（见图10.11）。进行该练习时，不宜使负重过重。短跑、足球和美式橄榄球运动员都会从这项练习中受益。

开始姿势

站在杠铃前面，双脚分开与髋部同宽。蹲下，手握杠铃，然后站立，将杠铃放置于大腿中部稍作休息。

动作

训练时，在自己感觉舒适的范围内降低杠铃，保持杠铃靠近身体。身体前屈（不要让自己有不适感），然后回到开始姿势。柔韧性提高后，可以站在平台上完成这项练习。

呼吸

放下杠铃时吸气，举起杠铃时呼气。

图10.11 直腿硬拉能拉伸腘绳肌和下背部肌肉

高级辅助举重

高级辅助举重比标准辅助举重难度更大，需要更多的指导和组织。任何过头举重都可以被看作高级举重。教练在将这些练习向更多运动员推广时，应考虑到可能会出现的风险。运动员只有学习了基本的举重技术，并完全了解六项基本原则后，才可以从这些练习中受益。而且，由于练习的复杂性，运动员的重复次数应少于5次。

借力推举

这种极佳的肩部练习也能训练运动员的爆发力（见图10.12）。著名运动科学家约翰·加哈默（John Garhammer）博士经研究发现，这些过头运动是训练爆发力的最有效方式。该项练习有益于任何需要启动速度的运动，如足球或美式橄榄球。

图10.12 借力推举能极大增强肩部和肱三头肌的力量

开始姿势

呈运动姿势，在推举杠铃过头的过程中，将杠铃放在肩部。

动作

膝盖微微屈曲，迅速推举杠铃过头，双腿绷直。杠铃过头之后到达锁定位置，绷直双腿，缓慢地将杠铃放回肩部。

呼吸

深呼吸，手握杠铃，当杠铃过头通过粘滞点时呼气。

借力挺举

借力挺举和借力推举训练的是相同的肌肉，但是在借力挺举中，运动员需要双脚朝外，且在举起杠铃时需要再次屈曲膝盖（见图10.13）。这使得运动员能负重更多，更能增强运动员的爆发力。

开始姿势

呈运动姿势，在推举过头的过程中，将杠铃放在肩部。

动作

膝盖微微屈曲，然后迅速将杠铃推举过头。完成上述动作时，运动员应快速将双脚分开，像做高翻时一样屈曲膝盖。将杠铃举过头部，到达锁定位置，绷直双腿，双脚回到原来的位置。

呼吸

手握杠铃，深吸一口气，屏住呼吸，当杠铃过头通过粘滞点时呼气。

感谢布鲁斯·克莱门斯（Bruce Klemens）提供的照片

图10.13　借力挺举时，负重极重。世界冠军维克托·索其（Viktor Sots）上半身力量极大，可以上挺523磅，打破了世界纪录

爆发力平衡练习

我们敬佩奥运会举重运动员过人的力量和速度，当然也羡慕他们的柔韧性。很多人都难以以举重的方式将扫帚抓举过头，更不用说以同样的姿势抓举数百千克的重量。但是这项运动的美妙之处在于，它需要并且能够极大地提升柔韧性。这类练习在BFS项目中被称为爆发力平衡练习。

当练习需要平衡能力时，身体会用到很多肌肉。这也是运动员在器械上选择自由重量的原因之一。例如，站姿弯举中的主动肌是肱二头肌，但是如果没有背部和髋部的平衡肌肉，运动员会摔倒。运动员在弓步训练时会迈出一大步，因此就需要运动员极力地保持平衡，这种姿势也经常在比赛中重复出现。当在一项练习中平衡肌肉和主动肌同样重要时，这项练习就是爆发力平衡训练。

爆发力平衡练习是过头深蹲的变式，它模仿了完整的抓举姿势。深蹲并保持杠铃过头，身体笔直，脚跟平放于地面，这需要极大的柔韧性，而爆发力平衡练习就增强了此种柔韧性。在所有的3种练习中，应用BFS项目的六项基本原则，有助于实现完美的身体姿势并提升身体意识。在此基础上，让我们按难度等级来讨论并了解3种BFS项目的爆发力平衡练习。

爆发力平衡练习1

站姿完成高抓动作。然后深蹲，并且保持平衡，确保技巧正确。深蹲保持3秒，然后再起立站直（见图10.14）。

图10.14 爆发力平衡练习1：a. 开始姿势；b. 下降姿势

爆发力平衡练习2

抓握杠铃将其放在肩部（动作和后蹲举相似）再次深蹲并保持平衡。然后尝试推举杠铃。难点在于将杠铃从肩部上推时，需要保持完美的平衡状态（见图10.15）。

图10.15 爆发力平衡练习2：a. 开始姿势；b. 完成姿势

爆发力平衡练习3

运动员进行爆发力平衡练习2，但是这一次要将杠铃上推举起，保持3秒，且笔直站立。

有些运动员可能没有踏上过举重台参与举重比赛，但是所有的运动员都会从这些独特的举重练习中受益，例如爆发力平衡练习。

因为运动员的训练时间有限，尤其是在赛季，因此选择何种练习是任何体能训练项目中的一个重要部分。BFS项目侧重全年进行关键举重，但是为了优化训练效果，教练必须仔细考虑需要完成的辅助练习，这不仅有助于改善运动员的表现，而且能降低其受伤风险。

第3部分

速度、敏捷性和柔韧性

第11章

敏捷性和BFS项目的点式训练

当然，用几分钟绕圈跑步或蹬单车，会让你保持兴奋、体温升高、血液流通更快和呼吸加速，但是，这就是一名运动员应该使用的热身类型吗？当然不是。这也是我们希望运动员在每一次运动之前使用点式训练的原因。

点式训练是一种理想的热身方式，因为它能改善运动员的协调性、双脚的速度和敏捷性。跳绳是一种很好的热身方式，但是点式训练可以在没有任何特殊设备的情况下进行。点式训练可以锻炼踝关节——身体中非常脆弱的关节，因为它经常会在运动中受伤，而且很难恢复。踝关节出现过损伤的人，再次受伤的概率会增加5倍，所以训练开始时就可以将该项目加入训练计划以预防踝关节受伤，这非常有意义。下面介绍如何进行点式训练。

将五个点放在地板上（见图11.1）。如果使用画在地上的直径为4英寸的点，训练效果尤佳。如果训练人数较多，教练可以多画几个点。在家里，运动员可以使用父母允许的任何东西来标记这些点。点式训练由5个部分组成，每个部分可以重复6次。

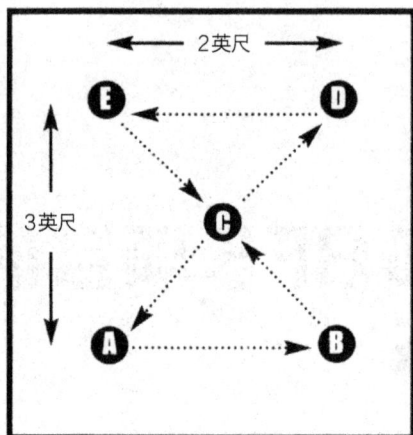

图11.1　点式训练

训练1：前后训练

1. 双脚站在位于一端的A点和B点（左脚站A点，右脚站B点）。

2. 双脚迅速跳起到C点，然后双脚分开跳到D点和E点。

3. 以相同的方式跳回，不要转向。

4. 重复5次。

训练2：右脚

1. 完成前后训练之后，双脚应回到A点和B点。现在只用右脚跳到C点。

2. 只用右脚依次跳到D点、E点、C点、A点、B点。

3. 重复5次。

训练3：左脚

1. 右脚完成训练后停在B点。然后用左脚跳到C点。

2. 只用左脚依次跳到D点、E点、C点、A点、B点。

3. 重复5次。

训练4：双脚

1. 左脚完成训练后停在B点。然后双脚跳到C点。

2. 双脚依次跳到D点、E点、C点、A点、B点。

3. 重复5次。

训练5：转身

1. 双脚完成训练后停在B点。然后双脚跳到C点。

2. 双脚分别跳到D点和E点，如同前后训练。

3. 迅速跳起，向右转身180度，面朝另一个方向。双脚仍然站在D点和E点。

4. 双脚跳到C点，然后双脚分开跳到A点和B点。

5. 迅速跳起向左转身180度，双脚仍在A点和B点。

6. 重复5次。

注意：在所有的练习中，除了训练5，你会一直朝着同一个方向。完成右脚、左脚和双脚训练，要记住简单口诀："里、外、对角（in，out，across）"。

里代表跳到中间的C点。

外代表跳到D点。

对角代表跳到E点。

里代表跳到中间的C点。

外代表跳到A点。

对角代表跳到B点。

运动员一开始尝试点式训练时，经常会感觉动作笨拙，极其疲惫。但是这些困难只是暂时的，当运动员能1周进行6次训练时动作会愈加灵活。运动量听起来似乎很大，但是如果你知道点式训练中高中男生所能达到的纪录是33.37秒，女生是37.77秒（见表11.1），就不这么认为了。我们要求大部分运动员每周进行不多于10分钟的训练，这项训练值得付出努力。此外，点式训练也易于在整个团队间同时进行。

在BFS项目中，我们发现如果你真的想改善自己的体能表现，就需要进行测试，如测试自己能举起多少重量、跳得多高、跑得多快，这样就可以通过不断打破个人纪录，来观察自己是否进步。这一方法也适用于点式训练，我们建议运动员们每个月测试2次，然后记录结果。

　　为了帮助运动员确定点式训练的方式，BFS项目为女性和男性运动员设置了一系列训练标准。我们认为BFS项目的点式训练对于任何年龄段的运动员来说，都是一种理想的热身方式。虽然训练的方式有很多种，但是若从训练的便捷性和效果来考虑，BFS项目的点式训练则属最佳选择。

　　虽然点式训练可以提高运动员的敏捷性和侧向速度，但是运动员还可以使用其他能极大提高敏捷性和侧向速度的方法。减少多余的身体脂肪就是措施之一——5磅脂肪就能对运动员的敏捷性产生极大的影响，因而保持低脂体形会产生明显的效果。此外，变得更加强壮、进行单侧辅助训练、增强小腿力量、进行快速伸缩复合训练、训练后链肌及避免过度有氧运动这六种方式也能极大改善运动表现。

点式训练是一种极佳的热身方式，它可以提高身体的协调性、双脚速度和敏捷性

表11.1　男性和女性的 BFS 点式训练标准

等级	男性	女性
全美	低于40秒	低于45秒
超快	40~49秒	45~54秒
快（很好）	50~59秒	55~64秒
平均	60~70秒	65~75秒
需要更多训练	超过70秒	超过75秒

以下为 BFS 项目点式训练纪录。

高中男生纪录：迈克尔·布朗（Michael Brown），波普勒·布拉夫（Poplar Bluff），美国密苏里州，33.37秒。

高中女生纪录：克里斯丁·迈耶斯（Kristian Meyers），波普勒·布拉夫，美国密苏里州，37.77秒。

更　强

田径教练会告诉你两种能使短跑速度提高的基本方法：改变步幅频率和步幅长度。步幅长度主要受双脚对地面发力大小的影响。一项发表于2000年11月的 *Journal of Applied Physiology* 上的对33名短跑运动员的研究表明，短跑运动员"要提高跑步速度并不是要在腾空时更快速地调整四肢位置，而是要向地面施加更大的支撑力"（Weyand et al.）。这也是深蹲、高翻和硬拉是 BFS 项目关键练习的原因。

单侧辅助训练

当运动员改变方向时，他们会把大部分体重转移到一条腿上，并需要停止运动。鉴于此，进行单侧辅助训练，例如弓步或单腿深蹲，很有必要。为了达成最终目标，可以借助 BFS 项目的增强式坡道，以便运动员模拟运动中所需的高速。

增强小腿力量

大部分训练项目的错误之处在于忽视了小腿的训练。俄罗斯运动科学家尤里·沃克霍山斯基（Yuri Verkhoshansky）博士被认为是快速伸缩复合训练的创始人。沃克霍山斯基博士认为涉及侧向变化的运动都需要腿部屈曲，因此练习小腿抬高动作就很重要。为了达到最佳效果，运动员需要练习坐姿抬高小腿（训练小腿的下部肌肉或比目鱼肌）和站姿抬高小腿（训练小腿的上部肌肉或腓肠肌）。

快速伸缩复合训练

运动时运动员的速度需要极快，鉴于此，某些快速伸缩复合训练，如跳箱（将会在第12章介绍），就模拟了实际运动中的动作。虽然运动员需要通过力量举运动，如深蹲和硬拉，来增强力量基础，但是运动员也应该进行快速伸缩复合训练，来模拟运动中所需要的速度。

后链肌训练

运动中敏捷性和侧向运动出现变化时，需要臀部肌肉和腘绳肌维持身体平衡。因此，运动员应该完成的最重要的一项练习就是腿臀起，该练习能增强臀部肌肉，并提升腘绳肌的屈膝和伸髋功能。

避免过度有氧运动

大部分运动都只需要很少的有氧系统。事实上，在足球运动中，有氧能量系统只贡献20%（守门员除外，其有氧能力系统贡献接近0）。而且，进行过多的有氧运动会使快肌纤维像慢肌纤维一样收缩，使运动员的速度减慢。

很多因素都会影响运动速度，而遗传基因显然决定了运动员在运动中所能达到的最高水平。然而每一名运动员都可以通过努力且合理的训练来提升自身的敏捷性和侧向速度。

BFS项目的平衡协议

当教练在指导运动员达到最佳表现水平的过程中，会强调爆发力、力量、速度、快速变向和敏捷性。然而，如果没有强调"稳定性"，那么运动员就不会具备上述能力。

一个年轻人能够完成高翻300磅和深蹲450磅，就能成为高中美式橄榄球队中最强壮的运动员。但如果缺少稳定性和平衡性，就不可能在球场上有效运用爆发力和力量。相同的情况也适用于速度。假如队伍里速度最快的美式橄榄球运动员缺少平衡控制力，那么也不可能在美式橄榄球赛场上有效地施展速度。

当运动员稳定性不足时，会非常明显地表现出来。如果一个运动员在赛场上蹒跚吃力，其余运动员会为防止其摔倒向其施以援手。除了这种场景，教练和训练员应该考虑的问题是：当我们认为运动员身体机能正常时，他们有没有可能失去平衡？

我们建议教练对运动员进行简单的测试以确保他们具备平衡控制能力。当然，如果我们看到一名运动员在赛场上跟跄不稳，我们都知道应该让其停止运动，稍作休息。但是在日常情况下，我们应该如何确定一名运动员是否具备平衡控制能力？BFS项目的平衡协议就是一个好方法。

BFS项目已经和彼得·G.戈尔曼（Peter G. Gorman）博士合作创立了平衡协议，可以使用此协议轻松快速地对运动员进行评估。彼得·G.戈尔曼博士是Microgate USA的总裁。最近几年，其他多个机构也开展了相似的测试，但BFS项目将平衡协议作为衡量运动员训练效果的指标。

BFS项目的平衡协议由5个进阶式的静态平衡测试组成。每个测试都以前一组为基础。运动员在进行下一组更复杂的测试前，必须要先掌握前一组的测试。

测试需要双脚穿袜在平面上进行。脱掉鞋子是因为穿鞋会影响测试结果。例如，举重鞋可以使脚和踝关节保持一致，为运动员提供稳定的支撑平台，并且提高深蹲等练习的稳定性。如果一名运动员脚穿跑步鞋进行举重，则有可能会出现脚内旋的情况，致使其稳定性降低。出于这些原因，我们更希望测试时排除外界变量的影响，如跑步鞋。

平衡协议内容如下。

1. 双腿站立，面朝前方，两眼睁开。

2. 双腿站立，面朝前方，两眼闭合。

3. 单腿站立15秒，两眼睁开。如果运动员不能完全保持15秒，请注意记录其时长。

4. 用另一条腿重复动作。

5. 重复步骤3和步骤4，两眼闭合。

如果运动员进行这些平衡测试时，表现不断得到改善，就无须担心。但如果运动员在之前能轻松完成步骤4和步骤5并维持平衡，后来在测试中只能维持5秒，或者根本无法维持平衡，这说明什么问题？这或许说明其未从伤病中恢复，如之前的未能完全恢复的踝伤或膝伤。

如果是美式橄榄球运动员，很有可能是因为头部有过严重撞击或撞击次数过多。我们需要用红色标记这个问题，并且建议该运动员咨询合适的健康保健专业人员，让后者通过解剖学、神经学和新陈代谢等方面的分析，来确定运动员稳定性下降的原因。

本节内容提供了一些简单但是实用的方法来测试和训练敏捷性，并采用测试协议来评价平衡能力。运动员的表现会受到很多因素的影响，克服越多，运动潜力就越能得到有效发挥。

第12章

五阶段快速伸缩复合训练项目

对大部分运动来说，现在的冠军要比过去的冠军更强壮，体积更大，运动速度更快。现在的高中运动员能打败曾经于1972年获得奥运会7块游泳金牌的马克·斯皮茨（Mark Spitz），甚至杰西·欧文斯（Jesse Owens）都有可能无法达到现在世界顶级女性短跑运动员的速度。

正是怀着这些期待，运动员正在寻找更佳的方式，来发掘身体潜力。BFS项目组认为该过程可以始于BFS准备项目，其次是BFS整体项目。整体项目包括关键举重练习，例如深蹲、敏捷性训练、能量系统训练。但是为了达到下一等级和运动优秀的新标准，运动员应该考虑参加最高级别的体能训练，即快速伸缩复合训练。

快速伸缩复合训练是BFS项目的关键部分，因为它是提高速度和爆发力的最佳方式之一，尤其适用于高水平运动员。在美国，术语"快速伸缩复合"用来说明肌肉快速收缩（向心阶段）之后的快速拉伸（离心阶段）活动。因此，站姿跳远也是快速伸缩复合训练，因为它包含了股四头肌的快速拉伸和收缩。

如果考虑到运动中肌肉的紧张程度，我们还可以对快速伸缩复合训练进行更为具体的界定。例如，可将跳绳称为"预备式快速伸缩复合训练"，因为它并没有产生高水平的肌肉紧张感，但却帮助调节了身体和神经系统，并为更为紧张的快速伸缩复合训练做好准备。深蹲也会被看作一种预备式快速伸缩复合训练方法，因为尽管它包含了股四头肌的拉伸和收缩，但是对速度相对要求较低，并且也没有产生最大程度的肌肉紧张感。

快速伸缩复合训练和跳跃训练都是提高速度和爆发力最有效的方式

　　除了以往运动员的调查数据，相当多的同行评议研究也足以说明快速伸缩复合训练的有效性。

　　例如，在1992年的 *Journal of Applied Sports Science Research* 上发表的一篇论文中，研究者针对深蹲和快速伸缩复合训练对垂直跳高成绩的作用开展了为期6周的研究。只进行深蹲训练的一组运动员，其垂直跳高成绩提高了1.3英寸，这也是为期6周以来最显著的进步。然而当快速伸缩复合训练和深蹲相结合时，垂直跳高成绩提升达到4.2英寸！研究结果科学地论证了运动水平的大幅提升，这也证明了为什么快速伸缩复合训练会成为BFS项目中必不可少的一部分。

　　弗兰克·科斯特洛（Frank Costello）在他的著作 *Bounding to the Top* 一书中阐述了快速伸缩复合训练的原理："运动员在身体下降时存储了动能，并使其转化为向心收缩所需要的潜在能量，以迅速做出反应。肌伸张反射或拉伸性反射使这种反应变为可能。"简言之，快速伸缩复合训练包含了最大程度的爆发式收缩，并使其尽可能迅速完成。鉴于此，进行快速伸缩复合训练时，双脚应该尽可能与地面接触，迅速地向上跳跃时付出最大的努力。当跳高或跳远时，整个身体应全力以赴。在你了解如何合理使用力量后，你会具有更强的爆发力。

快速伸缩复合训练有很多类型，其中一些会用到特殊的器械，如这种增强式斜坡，它可以用来提高侧向和变向速度。完成这些训练的关键是全力以赴和尽快移动

参与项目

BFS快速伸缩复合训练项目共有5个阶段，只需10分钟，一周进行2次即可。

垂直跳高

该项目的第一个阶段就是完成10次高质量的垂直跳高，需要沿着墙面或根据篮球运动的标准完成垂直跳高。务必注意第一次跳跃的高度，然后争取提高连续性跳跃的每一次的高度。每次垂直跳高至少应间隔15秒。

立定跳远

该项目的第二个阶段就是完成3组（每组重复3次）的连续性立定跳远。在任何体能训练项目中，垂直跳高和立定跳远都很容易进行，因为不需要任何特殊的器械。为了鼓励运动员努力训练，应每月对垂直跳高和立定跳远进行1次测试。

增强式跳箱训练

　　增强式跳箱训练是第三个阶段。假如你有多个合适的增强式跳箱，从高度为20英寸的跳箱开始，完成5次跳箱，以站姿落地。难以完成高20英寸的跳箱的人可以准备高10英寸的跳箱。用相同的方式跳跃，但是要尽可能快地跳回。下一组动作，从一个箱子跳到地板上，然后再跳上下一个箱子，重复5次。按相同的步骤完成训练，完成速度尽可能快。你应该跳跃4到5个箱子，每个箱子高20英寸。随着水平不断提高，你可以提升最后一个箱子的高度。对男生而言，最后一个箱子的最佳高度是36英寸，而女生的最佳高度是32英寸。通过图12.1来了解增强式跳箱训练的各个阶段。

增强式跳箱训练是BFS项目的重要组成部分。为符合运动员的要求，跳箱可以有各种高度

站姿跳跃

　　该项目的第四个阶段就是以站姿跳到跳箱上。这个阶段会使人对快速伸缩复合训练产生兴趣和热情。教练也希望每个月对站姿跳箱做一次测试。

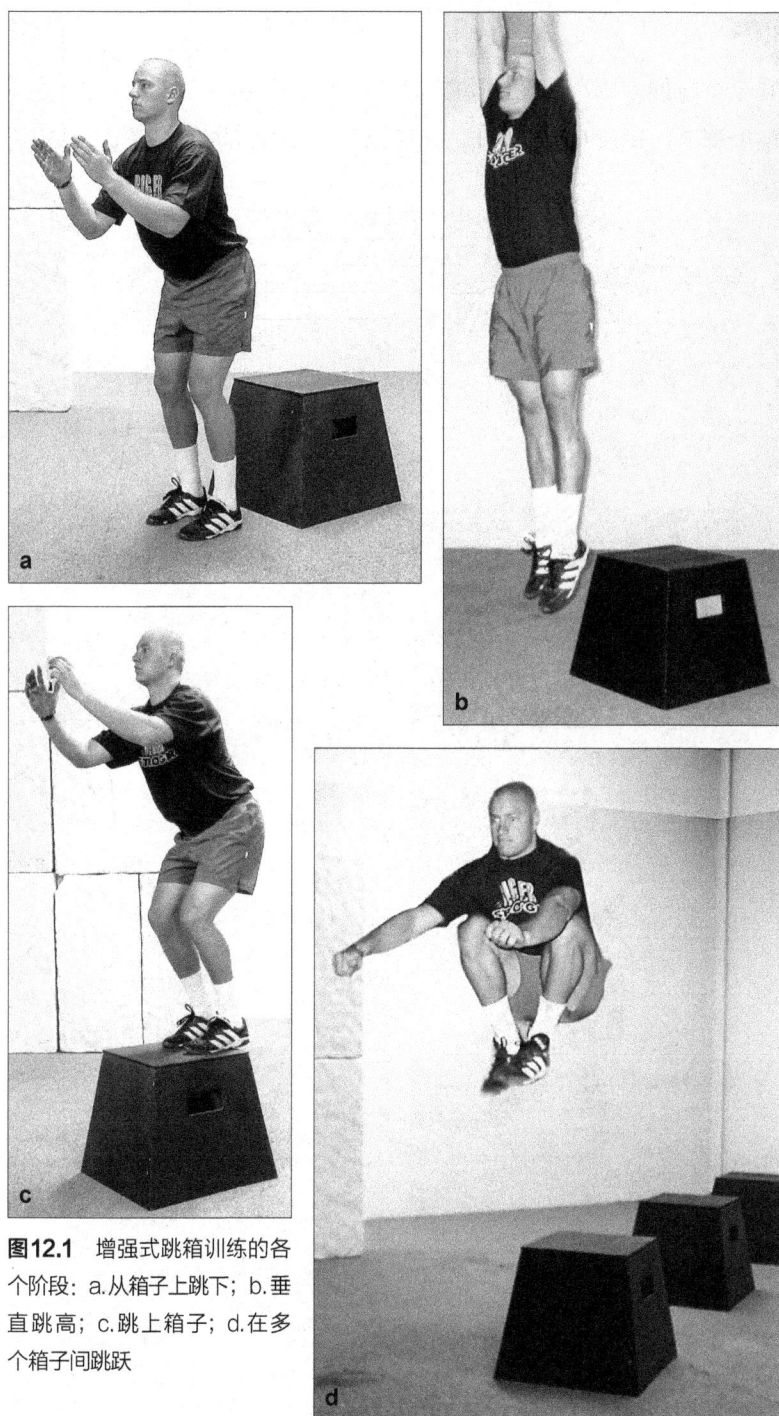

图12.1 增强式跳箱训练的各个阶段：a.从箱子上跳下；b.垂直跳高；c.跳上箱子；d.在多个箱子间跳跃

弹跳训练

最后一个阶段是弹跳训练。如图12.2所示，该组弹跳训练结合了强调腿部驱动的跑步训练，运动员每次触地后跳得更高、覆盖的距离更远。

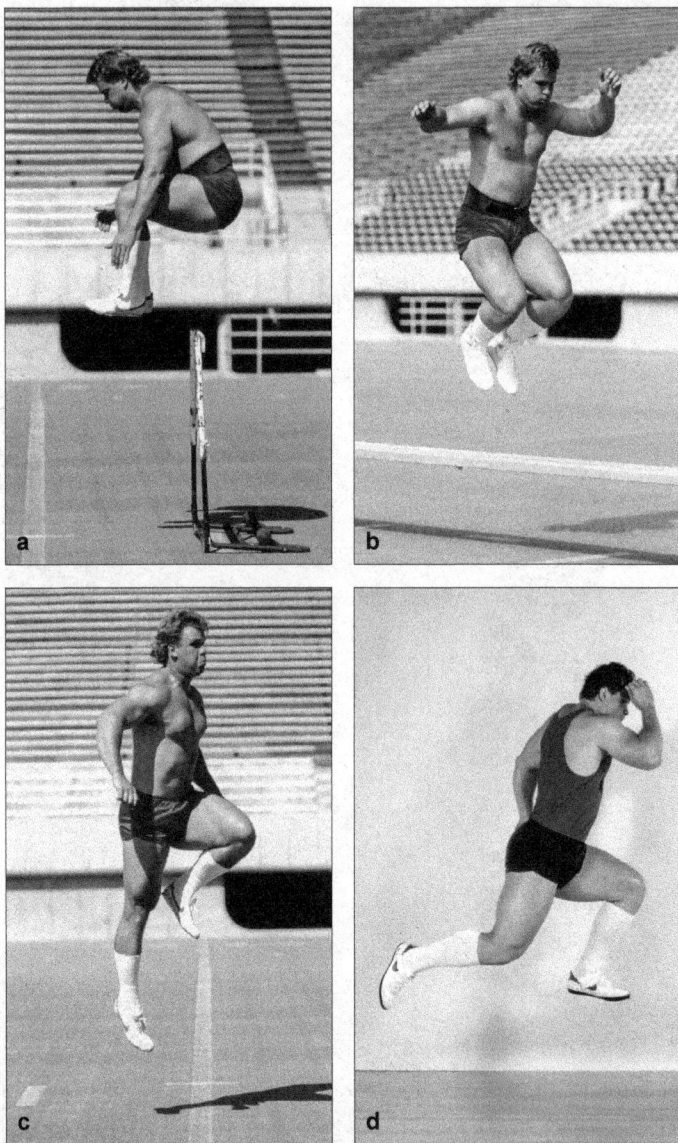

图12.2 强调腿部驱动的弹跳训练：a. 障碍跳跃；b. 侧向跳跃；c. 高度弹跳；d. 速度弹跳

将所有这些训练在10分钟内完成听起来有点多，但是如果安排合理，则可以完成。将一个班级分为2组，一组进行速度训练，一组进行快速伸缩复合训练。将速度训练这一组再一分为二，一组提升技术，一组进行短跑训练。你也可以将快速伸缩复合训练组分为二组，一组练习弹跳、垂直跳高、立定跳远，而另一组跳箱。这组训练将会非常有效，并且对于提升运动员表现水平也有极大的益处。

站姿跳箱训练

跳箱是我们在BFS项目中实施的一项训练。跳箱是快速伸缩复合训练和整体体能训练项目的重要部分。然而必须注意以下事项。

首先，重要的是不要在过于柔软的表面上完成增强式跳箱训练，否则会阻碍能量的爆发，并且弱化肌肉产生反射刺激的强度。而且，为了确保运动员的安全，应使用坚固的箱子，而且箱子的表面不能太光滑，底部也要大于顶部，因为相比于正方体的箱子，这种箱子更能防止运动员受伤（见图12.3）。而且，随着运动员水平的提高，应逐步加高箱子的高度。

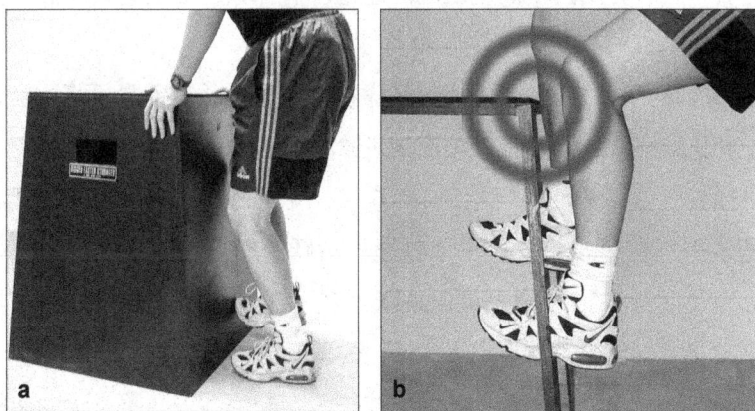

图12.3　a. 采用封闭的增强式跳箱，脚可以安全地滑下来；b. 使用开放式箱子，脚很容易被卡住，可能导致受伤

跳箱训练是连接力量和爆发力之间的桥梁。深蹲举起400磅的确很好，但仅仅如此并不能保证运动员具有高水平的爆发力。跳箱训练有助于肌肉系统更

快收缩，并产生更大的力。跳箱训练的原理和力量训练的过度负荷原理相似。当运动员逐渐提升杠铃上的阻力或重量之后，他们会变得更加强壮有力。同样，增强式跳箱高度的逐渐升高，有助于运动员产生更强的爆发力和跳跃能力。

跳跃测试

很明显的是，跳跃能力在一些运动中很重要，如篮球和排球，而且与垂直跳高表现水平和加速能力之间也存在密切关系。这是因为该测试能衡量一个运动员对地面快速施加力的能力。

萨金特跳跃测试

基本的垂直跳高测试是萨金特跳跃测试。该测试源于1921年，以达德利·萨真特（Dudley Sargent）博士的名字命名。它对比了运动员站立和跳跃时，手臂可触及的距离。首先需要确定运动员一只手可以上伸的高度（通常把手放在墙上），并且双脚站平。然后在没有迈步的情况下，运动员向上跳起用手尽可能高地去碰墙。然后对比两个高度之间的差距。假如该运动员这两个高度差距为20英寸，他的垂直跳高的高度就是20英寸。

萨金特跳跃测试最简单的方式就是靠在墙上，跳跃者手拿粉笔，确定其可触及的位置及最高跳跃高度。该项测试进阶形式是触摸杆上一连串处于不同高度的塑料标签，每两个标签间距为1/2英寸。碰到的标签越多，得分越高。理想分数是多少？在起始位置，一个普通但活跃的17岁女生可以跳跃13英寸，而一个普通且活跃的17岁男生可以跳跃20英寸。如果是大学运动员，女运动员能跳跃20英寸，男运动员能跳跃30英寸。

萨金特测试的一个问题就是其结果往往带有欺骗性——不是运动员的跳跃高度不准确（虽然运动员能通过用力向上击打触及额外的标签），而是起始高度不好确定。实际上，运动员经常会找到一些方式来缩短他们触及的高度，例如不伸展肩部或后背。

　　下面就是专项运动的问题。尽管垂直跳高是曲棍球的专项运动测试项目，但是将手臂放在两侧进行测试，测试结果和冰上曲棍球的表现水平更具相关性。用测力板是更好的选择。

　　一个基本的垂直跳高测力板包括一个28英寸×28英寸的跳跃垫和掌上计算机，其成本和塑料杆测试装置相同。通过测力板，运动员可以尽可能轻松地跳到力所能及的高度，计算机可以根据运动员在空中的时间来确定垂直跳高的高度——没有必要再去测量站立时的触及高度，并且跳跃者可以把双手放在任何位置（见图12.4）。

图12.4　跳跃测试是运动员训练的重要方面，它可以确定运动训练的效果。测试垂直跳高能力的最准确方式就是使用测力板

迈步和跳跃测试

　　在传统的萨金特测试里，一开始将膝盖慢慢屈曲，且程度较深，测试效果会较为理想，这类似于推铅球的开始动作。在一些强调跳跃高度的运动里，如

篮球和排球，运动员需要把水平运动转换为垂直运动，并且膝盖屈曲的时间相对更短且速度更快。所以，进行垂直跳高测试时，最好迈一步然后跳跃。可以借助测力板来这种类型的跳跃测试。

增强式功能也适用于测试上半身爆发力。把双手放在高台上，运动员可以练习增强式俯卧撑，并确定自身爆发力产生和接触地面的时间。运动员在重复动作之间停在垫子上的时间越短，爆发力也就越大。如果运动员得分较低，那么需要进行额外的快速伸缩复合训练，如药球投掷训练。测试中使用垫子可使操作更快、更方便，并且测试结果更准确。

连续跳跃测试

对很多运动而言，另外一个重要的测试就是连续多次跳跃。以篮球运动为例，如果技能水平较低，通过一次跳跃抢到篮板球很难成功，往往需要跳跃二次、三次。测力板能用来测试连续跳跃动作，确定多次跳跃动作中爆发力的下降量，从而帮助你确定是否需要进行针对性训练。

垂直跳高

垂直跳高测试对康复也很有价值。通过测试运动员单腿跳的能力，教练能鉴别其肌肉不平衡的情况。如果运动员一条腿的跳跃能力和另一条腿有极大的差别（如差距超过3英寸），教练应该考虑让运动员进行单腿训练项目来解决这个问题，如弓步练习。

测试非常有价值，可以监控训练成果并激励运动员实现更高的目标。如果你了解自己所适用的测试并拥有合适的测试工具，那么测试过程就不会让人感到困难、痛苦。

旨在提高运动员速度、爆发力和跳跃能力的教练，应该考虑加强增强式跳箱或渐进式跳箱训练。如果合理并坚持运用快速伸缩复合训练，那么训练将会极其有效，运动员就可以发挥自身的优势。

第13章

速度训练

跑 得快是一种重要的运动素质。实际上所有的运动员都想拥有这种素质，尤其是那些进行场地运动的人，如英式足球和美式橄榄球。在这些运动中，力量和耐力相当重要，运动员需要用最短的时间从A点运动到B点。为了最大限度地发挥自身优势，让我们来了解几项能够有效提升速度的训练方法。

在练习具体的冲刺技巧之前，必须考虑到速度的基础是力量。在2005年的 *The Journal of Experimental Biology* 上发表的一篇论文中，研究者们研究了1990年到2003年世界上跑步速度最快的田径运动员的身体条件，包括10 000米长跑运动员。结果不出意料，那些肌肉质量大的运动员往往参与100米到400米的比赛（Weyand and Davis, 2005）。

这些增加的肌肉能使运动员对地面施加更大的力。在2000年的 *Journal of Applied Physiology* 上发表的一项针对33名短跑运动员的研究表明，跑步者想要跑得更快，并非是要在空中更快速地重新调整四肢，而是要对地面施加更大的支撑力（Wetand et al., 2000）。而且，如果想要提升跑步速度，还需要增强上肢力量，来弥补下肢产生的高水平扭矩。如果无法达到上述要求，那么需要在力量房进行一段时间的训练。

在休赛期，运动员应该在每周二和周四进行速度训练，每周一、周三和周五进行举重训练。在赛季中，需要每周进行2次速度技巧训练。

跑步速度快是运动员在很多运动中应具有的重要素质，这也是为什么提升冲刺速度的方法会成为BFS项目的首选。图中，美国职业橄榄球大联盟速度最快的前运动员凯文·迪瓦恩（Kevin Devine）展示了冲刺开始的完美形态

　　运动员应该每个月进行两次40码（1码约为0.91米，余同）或者20码的速度测试。他们需要记录自己的冲刺时间，以此来记录速度提升的过程。尝试让运动员按75%到90%的速度跑步，然后进行3次冲刺，记录成绩最好的一次。

　　短跑训练至少需要进行10分钟，其中5分钟应该用于技巧练习。每次练习只关注姿势中的一个弱项（可能是头部、眼睛、后背、双臂、双腿或双脚的摆放位置）。视频分析是精准了解训练重点的极佳方式。运动员喜欢观察、反思自己，视频分析加强了他们练习正确冲刺技术的意识。

　　其余5分钟的速度训练需要致力于10次高质量的冲刺，距离为10到50码。运动员需要在每次冲刺间休息30秒，以使他们在下一次冲刺前呼吸顺畅。

　　周二和周四的训练并非只针对短跑运动员和长跑运动员。此训练可在课堂上进行，并且适用于需要短期耐力的运动。比如，足球运动员要在2到5秒内全力以赴，且在10到30秒内为下一组训练做准备。期望达到最快速度的运动员要在训练期间得到更多的休息，常用的方法是每跑10码休息1分钟。所以，可以让田径运动员在短距离来回冲刺跑期间休息5分钟或者更长时间。

天气糟糕的时候，不要终止短跑训练。在有些地方，天气转暖意味着6个月不能进行短跑训练，但可以用室内20码冲刺来代替室外40码冲刺。这两个距离消耗时间相差不到2秒，因此20码的3秒等同于40码的5秒。

10种提升速度的方式

卡尔·刘易斯（Carl Lewis）在汉城奥运会以9.92秒的速度获得金牌，并成为美国100米比赛纪录保持者。刘易斯曾说他已经达到自己的最快速度，可事实并非如此。刘易斯犯了4次重大错误，否则他可以跑出9.87秒的成绩。首先，他转了3次头——这代表3次错误。转头导致他跑得不流畅。他的第4次错误就是在到达终点线之前2到3码时，减缓了速度。

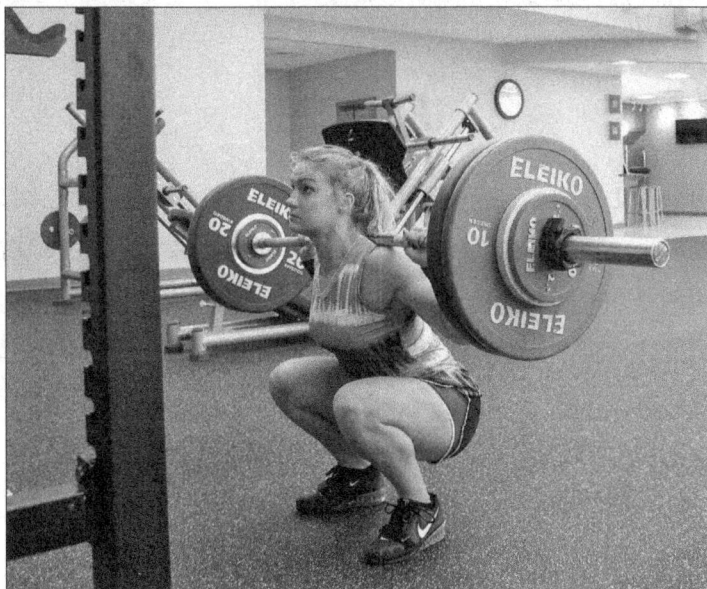

深蹲是提升速度的关键练习。运动员至少需要蹲至大腿与地面平行的位置，否则速度提升效果便不明显

这个故事的要点在于强调细节对提高速度的重要性，即使是像卡尔·刘易斯这样的优秀运动员也难以避免出现失误。鉴于这种教训，我们提供了10种可以提高速度的方式。

1. 1周最少进行2次冲刺训练。

2. 进行10次冲刺，距离为10到50码。

3. 1个月进行2次限时冲刺训练（记录所有的时间并以图表展示）。

4. 全年保持冲刺训练。天气不好时，进行室内20码冲刺。

5. 使用视频分析（这种方法极具价值）。

6. 每周进行6次柔韧性训练。为了提高速度，拉伸动作要正确。

7. 一周最少2次快速伸缩复合训练。

8. 平行蹲。假如蹲得不够低，则不能最大限度地提高速度。必须进行平行蹲，没有例外。

9. 练习直腿硬拉，以同时加强和拉伸臀肌和腘绳肌。

10. 练习高翻，使运动初始具有爆发性。

快速起跑

提升跑步速度的关键在于使起跑完美。下面有几种方式可以优化起跑。

学习经过改良的BFS跑道姿势。目前没有哪个大学球探或专业球探会记录运动员选用的是BFS跑道姿势还是美式橄榄球姿势，他们只会记录跑步时间，所以运动员最好能在一定时间内完成跑步。下面是关于BFS跑道姿势的有价值的建议。

手：拇指和食指应放在起跑线上。指尖支撑重量。

脚：一只脚放在起跑线后4到6英寸处，另一只脚放在起跑线后12英寸处。

头：低头。而抬头会让身体紧绷。

图13.1a展示了一个不正确的起跑姿势。图中运动员的髋部抬得太高，后背拱起，眼睛看向地面。运动员不能获得来自腿部的全部爆发力，需要花时间调整姿势及专注于开始动作——时间是运动员无法承受的损失。

图13.1 a.起跑姿势不正确，髋部位置过高；b.起跑姿势较为标准，髋部位置较低

现在看图13.1b。后膝朝下，身体放松，这一姿势即"各就各位"。运动员的髋部略高于肩部。教练应指导运动员尽可能地将重心向前移，双肩应该在双手的前方打开。虽然这个姿势让人不是很舒服，但是会为完美的起跑储备极大动力。这样运动员即进入"预备"状态。训练运动员把一只手臂向上扬。"开始"之后，双臂用力向前摆，后腿同时做相同的动作。左臂和右腿同时向前用力。指导运动员在冲刺时降低重心并完全伸展后腿。让运动员的双臂弯曲至合适的角度，以确保动作具有极大的爆发力。

BFS冲刺技巧

冲刺需要技巧，这也是很多短跑运动员直到20岁甚至是30岁以后才会到达巅峰的原因。如果运动员能遵循BFS冲刺技巧体系，就能掌握基本技能。这个训练体系包含以下8个技巧。

1. 头部竖直。

2. 目光集中，目视前方。

3. 脚趾朝前。

4. 后背竖直，轻微拱起。

5. 双肩与双肘呈90度。

6. 双肩向后旋转时，腕部模仿挥鞭动作。

7. 双脚首先位于髋部正下方，而不要位于身体外侧或前方。

8. 前腿首先向前摆，而不是向上摆。脚趾向上，双脚落地之前后腿腾空。接下来后膝完全伸展。

专项速度

现在讨论专项运动中需要的速度。尤塞恩·博尔特（Usain Bolt）以9.58秒跑完100米全程，但并不意味着他可以成为优秀的足球运动员。100米跑中，优秀运动员需要在65米的时候才能达到最快的速度。2014年发表在 *International Journal of Sports Physiology and Performance* 上的一篇综述论文中，研究者发现大部分足球运动中的短跑距离不超过20米。因此，效仿100米优秀短跑运动员的训练项目，未必是训练其他运动中高水平运动员的最佳方式。而且在大部分运动里，很少有运动员只朝单一方向跑步几米之多。

直线快跑是一种非常有价值的技能，但是，侧向跑或者变向跑也同样重要。这也是训练单腿力量的主要方法。

设想一下：当你侧向或变向运动时，你要用一条腿支撑身体并保持平衡，还要控制身体所承受的力。这些力通常相当大。比如，据估计，一个人从高12英寸的位置下落时，下肢所承受的地面反作用力是体重的5倍。足球或美式橄榄球运动员在球场上急刹车改变方向时也会产生相似的力。如果单腿力量不够，运动员就需要更多时间保持身体平衡，并改变方向。

单腿力量不足的运动员要花更久的时间来平衡身体及改变方向。运动中会出现各种切断（拦截）动作，尤其是像足球和篮球这样的运动，在做这些动作时，一秒的差异就会对结果产生至关重要的影响。

在预防受伤方面，单腿力量也有助于减少对结缔组织的压力，使得脚、踝关节和腿部动作能保持一致（脚趾对齐，膝盖对齐等）。而且，充分的单腿力量会使运动员更易于屈曲膝盖。膝盖较大程度屈曲的好处在于能减少前十字交叉韧带的压力，并提升运动员的平衡性（这些益处对于女子足球和排球运动员最为重要，因为在女子足球和排球运动中前交叉韧带受伤概率非常高）。

下面列出了几个适用于任何水平的运动员的单腿深蹲练习。

辅助性单腿深蹲

该练习是单腿深蹲里最容易的一种，它需要同伴对运动员进行辅助和监测。运动员需要站在一个非常稳定的箱子上，箱子的底部最好宽于顶部，因为这种设计会更加稳定。如果没有箱子，运动员不得不在整个练习中保持单腿抬起的状态，这个动作非常具有挑战性，也很容易分散运动员的注意力。

运动员站在箱子的一侧，让一条腿放松下垂在空中。监测员站在同一侧，一只手放在运动员的腕部，另一只手放在肘部上方。运动员应保持站立腿的膝盖和大踇趾朝向相同，并尽可能地向下深蹲。监测员应指导运动员将站立脚平放——脚跟不能抬起。随着运动员所能承受的训练强度越来越大和越来越稳定，可慢慢减少辅助。几次训练之后，大多数运动员几乎不需要辅助，就能完成到达最低点的单腿深蹲。

自助性单腿深蹲

BFS项目的总裁鲍伯·罗博特姆设计了一种变式，即完成单腿深蹲后再多完成一个动作。推荐该变式的前提是运动员可以完成到达最低点的辅助性单腿深蹲，并且几乎不需要监测员的帮助。运动员站在一个稳固箱子的一边，外侧的一条腿放松下垂，站立脚的脚跟平放在箱子上，膝盖和脚趾方向保持一致。运动员开始深蹲，非站脚紧靠箱子，使脚和箱子间产生摩擦。摩擦力会提升稳定性并且有助于运动员缓慢下降。让运动员保持站立脚放平——脚跟不能抬起。指导运动员在没有不适应及保持膝盖位置正确的前提下尽可能低地下降身体。

单腿深蹲

运动员能够完成到达最低点的自助式单腿深蹲时，就已经为训练做好了准备。运动员站在一个稳固箱子的一边，让外侧的一条腿放松下垂。站立腿的膝盖和大踇趾保持一致，运动员需要尽可能地向下深蹲。确保站立脚平放——脚跟不能抬起。几周之后，大部分运动员可以以完美的方式完成到达最低点的单腿深蹲。

负重单腿深蹲

前面是以自重为主的单腿深蹲，很容易完成。现在需要运动员双臂伸直，在身前握住一定的重量来增加阻力。开始的时候可以先握药球；力量增强后，可以换为杠铃片或哑铃。如果运动员的膝盖出现内扣，则说明负重过重。

虽然运动员站在平衡板上也能做单腿深蹲，但这是一种更高级的训练方式，并且带有更高的风险。而且，平衡板未必能模拟运动员在赛场上的活动。借助平衡板，脚基本上围绕小腿进行活动。然而，在运动过程中，因为运动场是平坦的，所以需要小腿围绕脚来运动。

不支持使用平衡板的理由也很多。迈克尔·里普利（Michael Ripley）博士曾对35位在奥运会中获过奖牌的田径运动员进行调查。里普利认为，大多数运动员应该避免使用平衡板进行练习，尤其是初学者。平衡板练习难度太高，即使在世界级运动员当中，也只有极少数运动员的躯干和下肢结构达到了使用平衡板的标准。最好是能在平坦且稳固的地面上进行锻炼，因为对于大部分运动员而言，在平衡板上训练会给关节和结缔组织施加过大压力，对身体造成伤害。

假如你的运动员参与了BFS项目，他们可以把单腿深蹲作为辅助举重练习，或者在周二/周四完成快速伸缩复合训练后进行几组练习。无论如何选择，只需要花费几分钟时间就可以有很大的收获。如果你正在使用BFS项目，请遵循指导原则进行辅助举重训练。进行2组，每组10次，便能收获巨大的改善——如果运动员完成的重复次数少，则应增加重复组数。但关键原则是，单腿深蹲练习只是一种不错的辅助举重练习。应使用一些关键举重练习，如深蹲，来增强全身力量。在这些练习中增大负重，可以增强肌肉的张力，进而达到更好的力量训练效果。

"奥卡姆剃刀（Occam's razor）"理论认为，最简即最佳，这句话同样适用于此项训练。总是会有各种各样新奇的训练技巧，但并不是全部技巧都可以提高运动员的表现水平，有些甚至有可能会增加受伤的可能性。若想提高侧向速度，最佳方式便是单腿深蹲练习。

上面就是BFS项目速度训练的基本原理：构建力量基础，强化技巧和练习冲刺。假如运动员能够依据这些原理并且持续训练，跑步速度将突飞猛进。

第14章

BFS 1-2-3-4柔韧性项目

在过去的40年里，进行了数千次BFS项目训练之后，我们发现拉伸训练是大多数运动员训练时所缺失的一部分。大量研究发现并肯定了拉伸训练对运动员及想要提升生活质量的人所带来的价值，因而这种缺失现象似乎比较奇怪。很多人正日益习惯"沙发土豆"式的生活方式，比以前更加不愿意去运动。BFS项目组发现唯一一种使运动员多运动的方式，就是把柔韧性训练融入整个训练。由此，项目组决定改变这种趋势。

在BFS项目中，拉伸训练是一个独立的训练项目，配套快速伸缩复合训练和力量训练。它并不是运动员进行体育锻炼时偶尔进行的热身或放松活动。事实上，无论是在赛季还是非赛季，运动员都必须每天坚持拉伸训练。进行拉伸训练时要态度端正，保持专注，并确保方法正确。

教练会分析运动员日常表现的方方面面，对拉伸训练也不例外，每个环节都需要尽善尽美。为了确保拉伸训练达到专业标准，运动员的四肢和关节都要完全伸直。我们可以用"六项基本原则"来衡量，并询问："膝盖对齐了吗？脚趾对齐了吗？"然而，大部分教练都不认为这些是拉伸训练的重要方面。关注细节让我们的项目更加独特，更为重要的是，让我们的项目更有效果。

BFS 1-2-3-4柔韧性训练项目适用于每个人，但进步速度和训练效果可能会因人而异。除此之外，女性的柔韧性优于男性，进行内收肌（大腿内侧）拉伸时这点体现得更为明显。但是每个人都不应与他人进行比较，而应专注于使身体更具柔韧性以提升自我。

对年轻运动员而言，静态拉伸是理想的拉伸方式

　　若运动员的柔韧性不好，进行体育训练时可能会更吃力。摔跤运动中，如果运动员的柔韧性太强，无论对手多么用力，可能都无法将他们压倒，但是他们会因为体力不足而无法获胜。这也就是我们有时候会听到运动员问"我为什么需要柔韧性"的原因。还有一个关于乔（Joe）的例子。他的柔韧性的确很好，但是跳远距离却不足10英寸。所以柔韧性中最为关键的因素是什么呢？答案就是平衡性。

　　拉伸训练的目的并不是使运动员变得极具柔韧性，而是使肌肉具有平衡性。我们想要使强壮的运动员更具柔韧性，柔韧性好的运动员更加强壮。当运动员既有柔韧性，也具备力量，他们就具有了很强的竞争力。

　　通过参与BFS 1-2-3-4柔韧性项目，运动员可以有如下收获。

- 运动范围变大。
- 速度变快。
- 整体表现得到改善。
- 姿势更加标准。

- 受伤次数减少且受伤程度减轻。

拉伸训练的好处远不止预防受伤和促进康复。许多运动中的很多动作都需要极强的柔韧性，这种柔韧性有可能需要经过很多年的拉伸训练才可以培养形成，并且需要每天锻炼进行维持。比如，如果棒球投手能把胳膊多往回收一点，那么他们投出的球会更加有力，速度会更快，因为手臂有更长的距离进行加速。当高尔夫选手使他们的手臂和肩部进一步回收2英寸时，会增加20码的冲力。有些运动员身体并不是很强壮，但是在高尔夫运动中挥杆的运动范围非常大，所以能将球打出300码的距离。如果足球运动员能提升他们髋屈肌的柔韧性，他们就可以使自己的步幅增加2英寸，为最后40码的冲刺时间多博得0.2秒。

BFS拉伸项目

在BFS项目中，我们的任务就是给教练提供拉伸项目。拉伸项目不仅能让运动员获益颇多，而且适用于很多训练情形，但需要重点考虑时间、器械和运动员数量等。虽然拉伸方式有很多种，如筋膜放松法（该方法可以用来拉伸身体的筋膜组织），但是从实际用途来看，拉伸方法主要有两种：静态和动态。

动态拉伸需要运动，而静态拉伸则不需要运动。本体感觉神经肌肉促进法（Proprioceptive Neuromuscular Facilitation，PNF）是静态拉伸中最好的一种，但是它需要同伴辅助，而且需要长时间训练和正确指导才可以安全进行。弹性拉伸是动态拉伸的一种。进行弹性拉伸时，人们拉伸的时候会弹起，但是如果没有进行合理的热身，肌肉会更容易受伤。BFS爆发力平衡练习也是一种动态拉伸，但是与弹性拉伸不同的是，在整个运动范围内，运动员可以完全控制动作。

经过比较各种拉伸训练的潜在好处之后，我们认为最适用于年轻运动员的柔韧性项目是静态拉伸。静态拉伸也是在BFS 1-2-3-4柔韧性项目中完成的，从1979年起就成功应用于许多年轻运动员。进行这种拉伸时需要保持静止状态，肌肉拉伸长度长于在放松状态下的长度。年轻运动员使用静态拉伸训练的好处在于安全系数高、容易掌握且无须同伴便可完成。

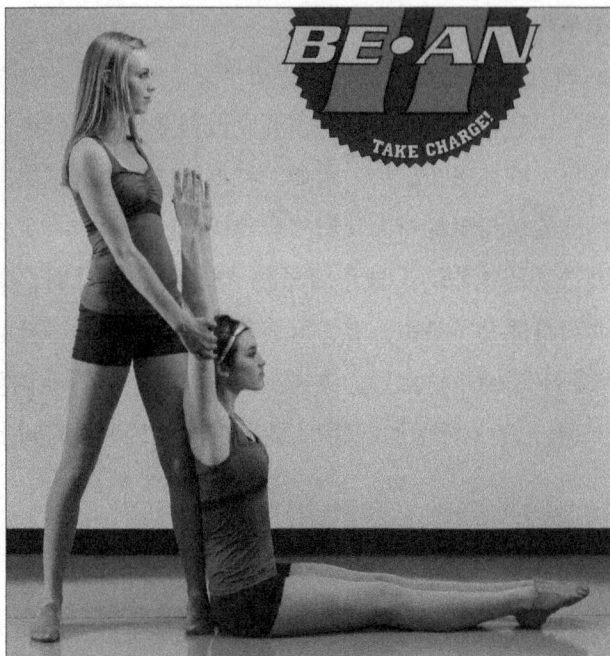

拉伸方式有很多种，其中一种就是本体感觉神经肌肉促进法。这种
拉伸方式需要同伴，并且运动员在技术精湛后才可以运用

安全拉伸的原则

　　虽然静态拉伸是众多训练方式中最为安全的方式之一，但是运动员在某些
情形下是不能进行拉伸的。比如，若近期出现骨折、扭伤、拉伤，尤其是背部
或颈部，则不应拉伸。还需要注意以下几个方面。

- 拉伸训练之前进行热身。拉伸训练不是一种热身。为了避免受伤，在拉
  伸之前要进行肌肉预热。BFS项目中的点式训练是一种完美的热身方式，
  因为它能让你轻微出汗。

- 在合适的环境下拉伸。结实、防滑的垫子是拉伸的完美选择，拉伸地点
  不应该分散你的注意力，而是需要让你集中注意力。

- 拉伸动作缓慢、轻柔。拉伸时要有力度，但是动作应缓慢，逐步做出，
  且动作需平稳流畅、柔和缓慢。

- **注意你的疼痛感。**不要压迫关节让自己感到疼痛。你需要有不适感，但不能超过不适感的临界点。禁止猛拉、急拉或猛推，但需要用力拉伸。在整个拉伸训练之后，你应该会大汗淋漓。

- **注意呼吸。**正确的呼吸方法可以极大提高你拉伸的质量。不要屏住呼吸。你应该正常呼吸，每次呼气时拉伸动作应该极度放松。

- **不要练习过度。**虽然我们会持续关注这个话题，但是每个拉伸动作应至少维持30秒，最终你会从拉伸训练中获得最大收益。对于初学者，尤其是那些柔韧性不好的人来说，完成3组10秒的训练，便能看到效果。

- **使训练项目个性化。**设计拉伸项目时，你需要考虑自己的需求。比如，如果你的膝关节过于灵活，那么全力增强腘绳肌的柔韧性就不是一个好的选择。如果你所从事的运动需要身体某个部位具有极强的柔韧性，如游泳运动员需要肩部具有柔韧性，你应该针对这个部位进行额外的拉伸训练。

- **使训练项目多样化。**你应该偶尔更换拉伸项目。我们建议经过几个月的BFS 1-2-3-4柔韧性项目训练之后，可以去尝试其他的拉伸动作。

- **在训练后拉伸。**大部分教练和运动理疗师认为最佳拉伸时间是在训练之后，这个时候进行拉伸对预防腘绳肌拉伤尤为有效。里普利博士认为训练后，肌肉会比训练前有更强的张力。"张力会使肌肉缩短，如果训练后没有进行拉伸，会导致运动员运动范围缩小。在我看来，训练之后立即进行拉伸训练非常重要，因为这会有助于身体保持匀称性。相反，如果你过了几小时，那么你需要进行更长时间的拉伸，才能达到相同的效果。"

如果训练环境中人太多，并且训练时间比较短，如在教室里面，那么运动员在家里拉伸训练效果会更好。如果训练空间比较大，并且时间充足，理想的情况是在点式训练之后再次进行拉伸训练。而且，在群体环境里进行拉伸更能确保这项重要训练的安全进行。

系 统

我们设计了拉伸项目。该项目每个环节需要10分钟，并且需要全面拉伸身体的各个关键部位，包括躯干、髋部和腿部。拉伸项目已经在数千个高中进行了实地测试，并且被无数不同年龄的运动员所运用，所以项目的效果不言而喻。在运动员学习了解了该项目之后，他们可以在任何时间和任何地点无须同伴的情况下进行拉伸训练。

BFS拉伸项目可以简单理解为1-2-3-4。这4个数字可以帮助运动员理解和记忆训练项目。该项目包含11个拉伸练习，分为4组，可以以如下顺序进行。

1. 在长椅上。

2. 站立。

3. 靠墙。

4. 在地板上。

1-2-3-4代表了运动员完成每一组练习的顺序，以及运动员在每一组练习上所对应花费的时间。因此，运动员应该在长椅上拉伸1分钟，站立拉伸2分钟，靠墙拉伸3分钟，在地板上拉伸至少4分钟。

每一个拉伸动作需要维持至少30秒，但是坚持60秒可以让运动员获得更强的放松感。进行单侧肢体的拉伸时，每侧需要练习30秒，用时1分钟。初学者可以选择一个拉伸动作进行10秒为一组，完成3组，平均每次训练为30秒。现在让我们开始练习吧！

在长椅上（1次拉伸，1分钟）

腘绳肌拉伸

保持单腿固定在长椅上，脚趾垂直于地面或者脚背朝向胸膛。上半身前倾并扩胸（见图14.1）。双腿依次进行。

图14.1 腘绳肌拉伸

站立（2次拉伸，2分钟）

背阔肌拉伸和胸肌拉伸

　　进行背阔肌拉伸时（见图14.2），应交叉双手，将双臂举至头部上方，并且尽可能向后。进行胸肌拉伸时（见图14.3），应将双手在后背交叉，举起双臂并且尽可能向后。

图14.2　背阔肌拉伸　　　　　　　图14.3　胸肌拉伸

靠墙（3次拉伸，3分钟）

靠墙完成以下3次拉伸，用时3分钟。

后腿拉伸

该拉伸动作会伸展腓肠肌。双脚平放在地面上，一只脚放在另一只脚前，双手放在墙上，髋部向前移动。后脚和脚趾绷直并朝向前。双腿依次交替训练（见图14.4）。

跟腱拉伸

这一拉伸动作会影响和跟腱相连的比目鱼肌。此拉伸和后腿拉伸很相似，不同之处是膝盖略微屈曲且脚跟离开地面1英寸。向下蹲可以增强拉伸的强度。双腿依次交替训练（见图14.5）。

股四头肌拉伸

一只手放在墙上，另一只手紧握一只脚，将脚跟拉向臀部（见图14.6）。膝盖应位于髋部正下方。双腿依次交替训练。

图14.4 后腿拉伸

图14.5 跟腱拉伸

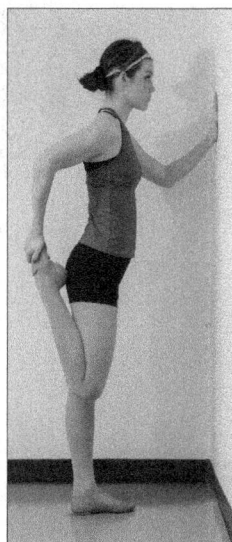

图14.6 股四头肌拉伸

在地板上（5次拉伸，4~5分钟）

进行下面5组拉伸训练，持续4~5分钟。

腹部拉伸

俯卧在地面上。双手放在地面上，间距与肩同宽（类似于完成俯卧撑），双肘伸直，背部呈反弓形（见图14.7）。对初学者而言，弯曲双臂支撑身体，直到提升柔韧性。背部受伤的运动员需要咨询健康保健专业人员，以确定自己是否能进行此项训练。

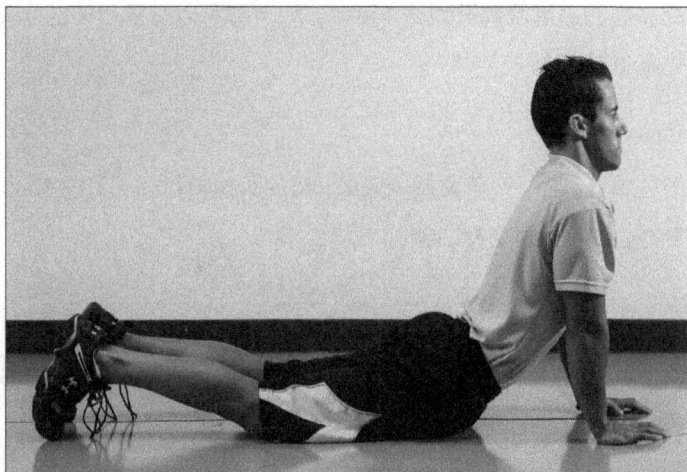

图14.7　腹部拉伸

内收肌拉伸

　　双脚尽可能分开，双手抓住踝关节或脚，将上身缓慢地拉向地面（见图14.8）。如果你触碰不到脚趾，可以将双拳放置于身后，将身体向前推。

图14.8　内收肌拉伸

臀大肌拉伸

　　将身体慢慢扭转，然后将对侧手臂紧压在拉伸侧膝盖上，用力将膝盖压到对侧小腿的另外一边（见图14.9）。换另一侧练习。

图14.9　臀大肌拉伸

腹股沟拉伸

双脚并拢，席地而坐，抓住脚趾拉向身体内侧（见图14.10），然后，手肘放在大腿上，向地面下压。

图14.10   腹股沟拉伸

髋屈肌拉伸

把一只脚放在对侧膝盖前方24英寸处。现在把双手放在屈曲的膝盖上，用力使髋部向前和向下（见图14.11）。扩胸，眼睛直视前方，后背挺直。不要弯腰或者把肘关节放在膝盖上——那样是在浪费时间。双腿依次交替训练。

图14.11　髋屈肌拉伸

衡量训练情况

在力量训练中，衡量训练情况并记录可以让运动员保持热情高涨。体育教学活动中最常使用的衡量标准之一就是坐位体前屈测试。我们建议运动员至少需要1个月进行1次坐位体前屈测试。

坐位体前屈可以测试腿部后侧肌肉（腘绳肌）和下背部的柔韧性。为了完成这项测试，运动员需要坐在地面双腿并拢（将双脚抵在箱子上会防止双脚移动），尽可能向远处伸展并且保持3秒。此外，还需要在脚跟及身旁分别放一个6英寸和1英寸的码尺（见图14.12）。尽可能向前伸展，并将结果与BFS项目坐位体前屈测试的标准（见表14.1）对照。

图14.12 坐位体前屈测试非常实用，可以测试几组主要肌肉的柔韧性

表14.1 坐位体前屈测试的BFS标准

等级	男性	女性
优秀	超过脚跟6英寸	超过脚跟8英寸
良好	超过脚跟2英寸	超过脚跟4英寸
一般	距离脚跟2英寸	刚好到脚跟
很差	距离脚跟6英寸	距离脚跟4英寸

　　练习BFS拉伸训练几周后，你就会发现自己身体的柔韧性和全身运动能力都有显著的提升。每天进行11分钟合理的拉伸训练，能让你接近自己的目标，且不会产生不适感。很多学校的运动项目（可能包括比赛）都会忽略柔韧性训练。使用BFS 1-2-3-4柔韧性项目是明智之举，因为该项目将会有效利用训练时间。

第4部分

项目管理

第15章

项目组织和力量房设计

在BFS项目中，我们认为应该围绕6个关键举重练习来构建训练计划，包括箱式深蹲、平行蹲、六角杠硬拉、高翻、毛巾卧推和卧推。你首先要考虑1周内完成所有关键举重练习所需的项目设计、组织和器械。下一步就是根据时间、空间和财力，准备用于辅助练习的器械。

　　和力量训练有关的很多诉讼纠纷，都是源自健身器械的设计不合理。因为主要问题之一就是在有限空间内安置了太多的器械。很多器械公司会提供二维或三维的力量房设计图，可用于精确评估力量房的布局，因此能确保空间的合理使用及人员的安全通行。比如，最基本的标准是每个器械的周围至少有2.5到3英尺的空间。但是，有的器械需要的空间更大，如跑步机。

　　购买器械时需要注意一个问题，就是要考虑到力量房的设计。器械销售员也许会忽视安全标准，而只是想尽可能多地利用空间，尽可能多地放置器械。

无论是谁来咨询你关于力量房的布局，你都有义务确保有充足的空间来安全使用器械。这就意味着和制造商，而不是销售商或批发商，来核实需要的空间及其他安装要素，如为了安全起见是否有必要固定器械。

一些抗阻训练器械都会有平衡系统，后方配有杠杆。这些器械需要有特殊的预防措施。有的制造商会在设备上贴警告标识："避免移动器械"或"使用时靠后站"。除此之外，力量房的每位教练和运动员都要了解器械的工作原理。

预防受伤的方法之一就是使用警告标识。可以将标识贴在各个地方，而不只是贴在器械上，还需要将力量房的使用规定贴在墙上。具体的设计标准及推荐的器械标准见 *Annual Book of ASTM Standards*。美国材料试验协会（ASTM）于1898年成立，是一个非营利组织，负责制定材料、产品、系统和服务标准。在很多诉讼纠纷案件中，美国材料试验协会每年的出版物都提供了很多权威参考材料。

力量房设计

为确保力量房的高质量和安全性，请遵循下面的通用指导原则来对力量房进行设计、升级和维护。

- 不要使用自制器械。使用自制器械能节约资金，但却会加大受伤风险。应使用高信誉制造商的器械。

- 如有可能，将器械固定在地面上。将所有器械固定在地面上，以确保设计的安全性。

- 把杠铃片架放在支架、卧推凳和平台附近合适的位置。杠铃片架应尽可能靠近支架和卧推凳，以减少因杠铃片来回移动而造成的损伤。

- 器械之间要有充足的空间。为了确保监测员可以自由活动，行使职责，至少在支架或卧推凳之间留出48英寸的距离，尽管理论上3英尺的距离也够用。

- 确保所有器械维修状况良好。要立即更换、修理或移除所有磨损或损坏的器械，并要特别注意电缆。将警告标识贴在正在修理的器械上，以免运动员误用。

- **提供举重带。**为需要的运动员提供足够的举重带，并为各种举重练习配备多种举重带。

- **正确安装杠铃片。**应使杠铃片刻字的一面朝向自己，这样能使你确定杠铃的准确重量。以这种方法安装杠铃片还可以使你更安全地抓住杠铃片。

- **尽可能使用安全卡扣。**如果杠铃上有杠铃片，请使用杠铃安全卡扣。卡扣供应要充足，准备四个额外的卡扣以防断裂，确保运动员不会被迫在没有安全卡扣的情况下举重。

- **将器械放回合适的区域。**应该为每个器械准备足够的空间，它们均应有自己的位置！地面上不要有任何东西（如杠铃片或举重带），这些东西可能会将人绊倒。

- **室内温度适当并配备空调。**提供一定的暖气设备、通风设备和空调。

- **确保饮水充足。**提供饮水冷却器或饮水机。

- **进行安全培训。**每个训练周期伊始，让所有学生学习安全课程：观看视频、海报，以及演示安全监护技术。向家长和管理者提供有关安全训练的书面材料。

- **制定急救计划。**准备急救箱、制定适当的应急程序并准备记录受伤情况的表格。

- **使用海报。**将列出力量房规则和安全准则的海报贴在显眼的位置。

- **制定和执行统一的着装要求。**不要让运动员穿着不合适的衣服和鞋子举重。禁止穿戴任何有可能造成伤害的珠宝首饰。

- **每天清洁乙烯软垫。**使用肥皂水或消毒剂清洁乙烯软垫，以保证最好的环境卫生条件。

- **每周至少使用真空吸尘器和拖把来清洁环境一次。**使用真空吸尘器以改善卫生条件。

- **保存好维护日志。**监督维护过程以确保合规。

图15.1为理想的力量房设计图。表15.1为四个关键举重站点提供了器械建议。

图15.1 图形设计工具可以帮助你确定力量房的最佳设计方案，以确保最大的使用率和安全性

表15.1 四个关键举重站点的设备

高翻	深蹲和箱式深蹲	六角杠硬拉	卧推和毛巾卧推
• 举重平台（或两个橡胶垫）	• 深蹲架或力量架	• 举重平台（或两个橡胶垫）	• 奥举卧推凳
• 310磅的奥举设备	• 500磅的奥举设备	• 六角杠（可选大小的六角杠铃）	• 310磅的奥举设备
• 一套缓冲杠铃片（5磅、10磅、25磅、45磅）	• 三个深蹲箱（小号、中号、大号）	• 两个杠铃支架（每边一个）	• 毛巾卧推垫
• 15磅的奥举杠铃杆	• 两个杠铃支架（每边一个）	• 两个45磅的缓冲杠铃片	
• 两个缓冲杠铃片支架（每边一个）	• 两条举重带（小号、中号）	• 总重400磅的杠铃片	
• 粉笔盒		• 腕带	
• 腕带		• 三条举重带（小号、中号、大号）	
• 两条举重带（小号、中号）			

一站式站点

力量房器械和项目组织的发展趋势是安排一个全功能的一站式站点，包含所有关键举重练习和一些主要的辅助举重练习所需的器械。这种站点有什么好处呢？每个关键举重练习都有自己的时间限制。例如，平行蹲和卧推相比，完成一定组数的训练需要更长的时间。因此，如果你有四个深蹲站点和四个卧推站点，运动员训练时需要从一个站点到另一个站点，那么你可能遇到一些问题。进行深蹲的运动员在完成训练之前，进行卧推的运动员已经完成了他们的动作组数。这个时候该怎么办？在这种情况下，运动员可以进行拉伸训练、燃脂训练或辅助举重训练，而不是降低效率或浪费时间。一站式站点会提高效率。

使用一站式站点，教练指导训练更容易，因为每个人都在做同样的举重训练。时间上也更加精确可控。运动员做同样的举重训练，可以增强训练强度和竞争力。此外，在大多数情况下，一站式站点可以节省空间。

一站式站点将平台与动力架相结合，使运动员能够在一个站点内完成所有BFS关键举重练习

力量房训练原则

组织高中或大学力量训练的最好办法，就是按照与团体项目运动队管理相

似的方式。方法如下。

- **遵守相同的纪律。**运动员应该准时，并且认识到他们正在参与力量房训练。运动员应该认真、极积且具备团队精神。运动员可以将力量训练视为一种社交活动。

- **灌输团队理念。**为团队与自己争取荣誉。教练可以组织低年级和高年级之间或一个团队和另一个团队之间进行竞赛。教练应该不断激励团队成员。随着比赛的进行，你的竞争对手的比赛热情可能会慢慢降低，团队荣誉感减弱。

- **有效地组织时间和整体计划。**如果对方的足球教练让所有的球员都专注于进攻，完全没有防守或踢比赛，这不是很好？你的竞争对手可能只会专注上半身或健美训练。而在BFS项目中，每个项目的具体训练时间都有规定，且每天都要进行柔韧性和敏捷性训练。每周练习三次举重，针对腿部和髋部进行全身举重运动，如深蹲和高翻。在非赛季，每周进行两次速度训练和快速伸缩复合训练。你也需要投入时间改善训练姿势和运动技能。每周二和每周四留出一些时间（5分钟）来讨论营养、休息和策略等话题。此外，你还可以每周为运动员讲述一个励志短故事。

- **做一些课外活动。**冰球的前锋会一直在冰上与守门员进行练习吗？四分卫是否会与自己的得分手外出练习投掷？当然会！那么为什么不将这个概念用于你的训练计划？让你的竞争对手在42分钟的体育课中抽出15分钟时间进行拉伸练习。如果能做到这些，你的对手可能会沮丧地惊叹："我们为什么无法做到？"

- **为运动员提供获胜和发挥潜力的机会。**如果运动员真的很想获胜，那么他们中的大多数都会在课外继续进行拉伸和敏捷性训练。所有的教练都必须在每周二、每周四进行测试，以调整运动员的训练计划。运动员可以自己进行一些快速伸缩复合训练、速度和技术训练。而且，让运动员签署承诺书或目标卡，可以帮助他们取得成功。

- **需要规范的监测和正确的技术。**教练不能说："好吧，这个小组是B组。你们想做什么就做什么吧。"你的竞争对手可能会这样做，但你应该做好监测，激励运动员发挥出自己的最大潜力。每个运动员都应该敏锐地意识到每次举重可能存在的问题，并且在身为监测员时履行好自己的职责。

- **明智地调整计划。** 我们为期四周的训练计划之一是进行五组训练且每组训练包含5次重复，另一个是5-4-3-2-1训练。在42分钟的体育课上，要完成这些训练很难。因此，我们建议从五组训练中选取三组，或进行5-3-1训练。这种调整只省去了少量训练项目，但能使训练效果达到最佳。在利用时间和器械时，要有创造力。

- **不要混乱。** 所有教练都应该进行力量训练，但在运动员训练时教练进行自己的训练会带来很多不利。虽然运动员尊重那些保持体形的教练，但如果教练自己忙于力量训练，就难以对运动员进行正常的教导和激励。但是，有时在这种情况下，教练可以展现出自己训练时的强度、力量和技术。

力量房的必备品

每个力量房都会有一些必备品。在BFS项目中，我们推荐举重腰带、助力带、护膝和护腕。

举重腰带

举重腰带通过增加腹内压力来保护脊柱。腹内压力用于给脊柱减轻压力，并在运动员举重时给予脊柱反馈。教练应该在力量房准备三种腰带——力量举腰带、奥举腰带和训练腰带。

力量举腰带

力量举腰带，也被称为力量带或深蹲带，用于力量举运动，具有双槽口，一般4英寸宽。此腰带的宽度是相同的（见图15.2a）。市场上的很多力量举腰带的厚度是一些非竞技用皮革腰带的两倍。运动员在进行深蹲时应该使用这种腰带，因为它能提供正面支撑，并能保证身体直立、昂首挺胸，这在举起最大重量时很难做到。运动员应在比赛中使用力量举腰带，有助于其打破纪录，因为这是运动员最需要支撑的时刻。

在比赛期间，举重和力量举运动员经常使用腰带，以帮助自己举起最大重量。图片中的人物为道格·杨（Doug Young），他是一位受欢迎的力量举运动员，赢得了多个世界锦标赛冠军

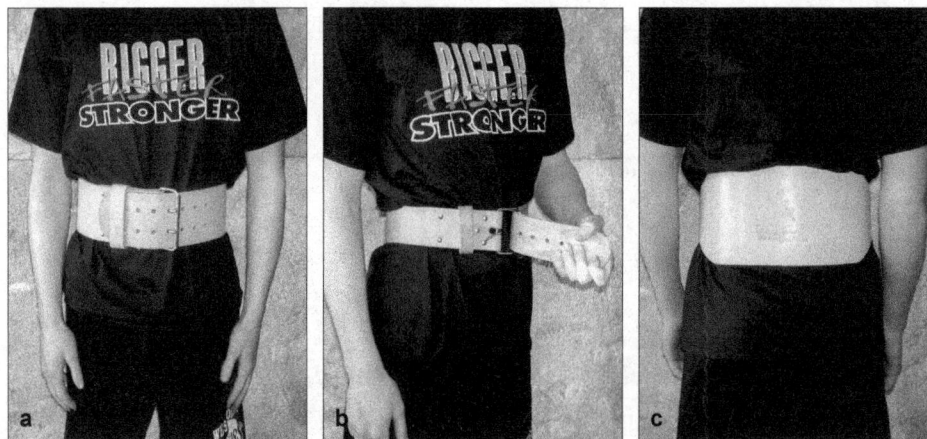

图15.2　a.力量举腰带；b.奥举腰带；c.训练腰带

奥举腰带

这条腰带的尺寸与力量举腰带相似，但在身体前面的腰带扣区域较窄（见图15.2b）。它的厚度和重量与力量举腰带不同（比赛用奥举腰带的正规尺寸是10厘米）。这种腰带适用于奥举运动的训练和比赛，包括抓举、高翻和挺举。使用奥举腰带的举重运动员在向下弯曲身体，腰带不会压迫胃部，且腰带能在举重过程中提供足够的支撑。这种腰带能被有效地用于硬拉训练，因为腰带前面逐渐变窄的设计能让运动员完全弯曲身体。投掷类项目的运动员（如链球、铁饼和射击运动员）可以在运动中使用该腰带，因为它能提供支撑且不会限制活动范围。

训练腰带

运动员、举重运动员和举重爱好者经常使用6英寸的非竞技用腰带，背面宽6英寸，前面逐渐减小至2英寸。许多人认为训练腰带能够给腰部提供最佳支撑（见图15.2c），特别是在过头举重中。公认的力量举项目或奥举项目中，不允许使用这种腰带，个体仅能在训练时使用。如果运动员喜欢使用这种腰带，可允许其在某些举重练习中使用，但对于使用较大重量的举重练习而言，力量举腰带和奥举腰带是更好的选择。

助力带

助力带可用于高翻（但不能用于下蹲翻）、六角杠硬拉或任何负重较大的上拉练习。在这些练习中，因为双手力量有限，所以负重也不会过重。这些练习不是为了发展手部和腕部的力量，而是为了发展爆发力，因此不应该让力量薄弱的手部和腕部妨碍整体爆发力的提升。助力带有助于运动员专注于在举起杠铃时加速，并防止杠铃下滑及手掌擦伤。然而，为了提升抓力，橄榄球运动中某些位置的运动员可能不想使用助力带。

助力带宽1.5英寸，长度应该足以围绕杠铃杆一圈（见图15.3）。不建议使用表面光滑的助力带。优质助力带用帆布或皮革制成。所有助力带最终都会磨损，因此经常检查非常重要，以防助力带断裂。运动员不得使用磨损的助力带练习举重。

图15.3 助力带

助力带的使用相对容易，但必须提高手指的柔韧性和协调性，以便快速有效地运用手指。刚开始使用助力带可能看起来很笨拙，但通过练习，运动员很快便能掌握。一开始，只需将手伸入小圈。助力带的末端与拇指应该位于杠铃的同一侧。然后用助力带尽可能紧裹杠铃。用手指抓住卷起的助力带，用拇指固定。另一侧助力带的用法相同。

护膝

所有运动员都应该使用护膝（见图15.4），但应该谨慎使用。一些运动员认为，举起较重的重量时，使用护膝有助于调整膝盖的位置，从而发挥正确的技术。如果运动员曾患某种伤病，如肌腱炎，医生可能会推荐其使用护膝。举重运动员可以用护膝包裹膝盖，但深蹲时，护膝会妨碍膝盖的肌腱和韧带发力。

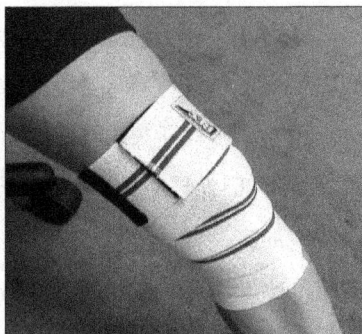

图15.4 护膝

几乎所有力量举运动员比赛时都穿戴护膝。举重运动员使用护膝能够完成更大负重的深蹲。因此，当运动员选择较大的重量或增加负重时，护膝能提供生理和心理上的支持。有些运动员膝盖疼痛或脆弱，在护膝的帮助下深蹲会更轻松和更易于承受。护膝还能使膝关节保持温暖，使关节滑液更好地润滑。

护腕

许多运动员在完成高翻或卧推时会感到手腕酸痛，这是由技术不正确和柔韧性不良导致的。如果高翻动作正确，杠铃会自然地压在运动员的三角肌上。手腕不应该完全或大力支撑杠铃。

护腕（见图15.5）可以作为高翻的辅助训练工具，能够给予手腕极大的支持，且在运动员技术不正确时预防手腕受伤。运动员感觉良好时，护腕也可以提供心理支持。一旦开始使用护腕，在不戴护腕的情况下就会不想举重。

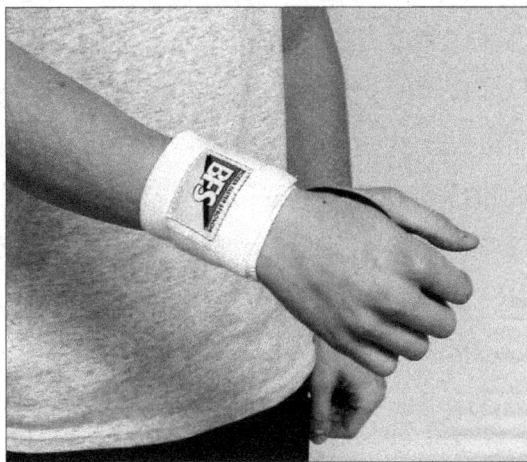

图15.5 护腕

实施BFS轮换系统

再没有比高中力量房更大的力量房了。随着力量训练越来越受欢迎，教练不仅需要特别注意训练课程安排，而且需要进行周密组织，以便所有运动员都可以尽可能安全、快速、高效地完成训练。如果你具备建立表15.1所示的关键举重站点，就可以建立一个轮换系统。

在20世纪70年代，许多学校把力量房设计成环形，这基于1953年英国利兹大学的生理学家引入运动科学界的一种训练理念。这种所谓的循环训练的目的是把几个健身项目组成一个统一的训练课程。所有练习按顺序完成，这意味着单个练习不会连续进行两组及以上。

例如，腿推举、腿弯举、卧推、哑铃划船、三头肌下压、哑铃肱二头肌弯举，每个练习重复规定的次数为一组。重复规定的组数。重复的组数取决于该项训练中的练习数量和时间。在商业力量房中，运动员通常希望30分钟内完成锻炼，所以他们会进行一个或最多两个循环。

循环训练是针对很多人的一种快速训练方式。通过使用液压器械，它也成为一种在小学普及的力量训练系统。然而，这不是提升力量和爆发力的最佳方式。而且由于一些关键举重练习技术非常复杂，尤其像高翻这样的奥举运动，以循环训练的方式进行这些练习是低效的。

在进行另一项练习之前，运动员应该完成当前关键举重练习的所有组，而不是采用循环训练的方式。这种方式在技术上被称为站点训练。让运动员高效、安全地完成所有练习的关键在于开发轮换系统。让我们来看看两个站点的运动员完成深蹲的例子，一个站点包括四名运动员，另一个站点包括五名运动员。

四人轮换使每位运动员能在15分钟内完成四到五组深蹲。轮换位置主要包括举重运动员（位置2）、右侧监测员（位置4）、左侧监测员（位置3）和后方监测员（位置1）。

步骤如下。

1. 举重运动员举重结束之后，监测员协助运动员把杠铃放在支架上，确保运动员的安全。

2. 运动员离开支架后，将其表现记录在BFS项目的"组数-次数日志（Set-Rep Logbook）"中，并根据该结果确定下一组的负重。

3. 后方监测员（位置1）移动到位置2，成为举重运动员，并告诉两侧监测员杠铃需要增加的重量。

4. 左侧监测员（位置3）和右侧监测员（位置4）改变杠铃的重量。

5. 举重运动员（位置2）向左移动成为左侧监测员（位置3）。

6. 左侧监测员（位置3）向右移动变为右侧监测员（位置4）。

7. 右侧监测员（位置4）移动到后方成为后方监测员（位置1）。

完成轮换后，新的举重运动员做好准备，从支架上取下杠铃开始举重训练。

现在让我们看看五名举重运动员的轮换步骤，它能使所有运动员在20分钟内完成四到五组深蹲和一项辅助性举重。步骤如下。

1. 举重运动员完成举重，监测员协助运动员把杠铃放在支架上，确保运动员的安全。

2. 举重运动员离开支架，并将其表现记录在BFS项目的"组数–次数日志"里，并根据该结果确定下一组的负重。

3. 后方监测员（位置1）移动到位置2变为举重运动员，并告诉两侧监测员杠铃需要增加的重量。

4. 左侧监测员（位置3）和右侧监测员（位置4）改变杠铃的重量。

5. 举重运动员离开小组完成一项辅助性举重或柔韧性训练再回到小组中。

6. 举重运动员（位置2）向左移动成为左侧监测员（位置3）。

7. 左侧监测员（位置3）向右移动成为右侧监测员（位置4）。

8. 右侧监测员（位置4）移动到后方成为后方监测员（位置1）。

虽然一开始这种轮换看起来比较复杂，但它非常容易实施。教练应该首先演示轮换步骤，然后让运动员在没有负重的情况下进行训练，以掌握轮换技巧。我们在BFS研讨会上会教授该系统并将其用于准备项目，以方便年轻运动员顺利参与常规BFS项目。

第16章

安全和责任

教练并不会太担心因运动员受伤自己遭到起诉的情况发生。毕竟，大多数教练都想尽全力帮助运动员发挥最大身体潜能，绝非有意造成伤害。教练们大多以为，自己理应受到高度尊重，因此即便运动员受伤，自己也应被理解，免受处罚。然而，其实并非如此。当下，美国日益成为诉讼案件越来越多的国家，教练和其他人一样，非常容易被卷入诉讼案。

没有人可以保证自己不会遭到起诉。你可能被任何人，在任何时候，因为任何原因而起诉。这就是法律。教练应该做到不给任何人起诉自己的理由，或者在被起诉的情况下能使自己处于优势赢得诉讼（最好在审判前能驳回起诉）。为此，专家马克·拉宾诺夫（Marc Rabinoff）给出了一些建议。

拉宾诺夫博士是科罗拉多州丹佛市大都会州立学院人体运动表现、运动和休闲研究系的教授。他获得了体育管理和体育教育专业的博士学位，也是全国最受尊敬的运动和健身责任顾问之一。1980年以来，他经手了500起涉及教练、体育教育工作者、学校、健康俱乐部、器械制造商的诉讼案。他的客户既有原告，也有被告，随着经验的增加，他在这一过程中形成了强大的洞察力，因此能为找他咨询的人提供很好的建议。他一直担任BFS项目的顾问，为该项目杂志名为"体育的黑暗面"的常规专栏撰写了大量文章。

在本章中，我们将介绍拉宾诺夫博士对体育运动中涉及安全和责任的方方面面的看法，这也是学校管理人员、教练、运动员的父母及运动员都很关心的内容。

你面临着被起诉的风险吗

过去的三十年里，针对器械制造商和力量房运营的诉讼案急剧攀升。运动员和运动员的家长不会再像以前一样，只是坐在教室观摩教练上课。他们会因教练对待运动员的方式不妥或以性骚扰之名起诉教练。拉宾诺夫博士接受过的案件涉及责任、教练资质、未提出警告、管理不当、器械设计缺陷和器械维护不足等方面。

要想透彻了解这方面的法律，教练首先要正确界定"责任"这一概念。责任指的是一个人对另一个人的人身安全所负有的义务。在诉讼案例中，原告（即起诉的人）首先需要确定被告在自己受伤时对自己负有责任。如果没有责任，就不能构成诉讼案。界定责任后，原告需证明被告责任缺失，并且受伤是由被告的行为所造成的。接着，原告必须证明违规事件发生的场所，即近因。最后，原告必须证明自己因受伤所造成的损失。

许多力量教练和私人教练认为他们不会卷入诉讼案中，因为自己及运动员都会遵从学校和健康俱乐部的组织管理。虽然在大多数地方，法院有责任平衡原告及被告的责任，但事实上，律师会试图根据深口袋理论来让被告承担更多责任。拉宾诺夫说："在我1997年经办的一个案例中，原告获得超过200万美元的赔偿，其中两家保险公司分别理赔100万美元及75万美元，其余85万美元由器械制造商赔偿。"

健身俱乐部或学校可以通过招聘独立承包人来避免这些问题吗？答案是否定的。因为这样做只能更换起诉对象，问题实质并没有得到解决。拉宾诺夫说："只要教练在力量房工作，使用力量房的器械教学，当俱乐部被起诉时，教练也同样会被起诉。也就是说，健身俱乐部或任何提供体育健身服务的组织机构，在让员工签订合同前，都应先请律师界定双方责任，并告知员工他们所应承担的责任。"拉宾诺夫说通常在起诉案件中很少会出现免责情况。

　　教练最常因资质不够而遭到起诉，如不具有公认的学位、资格证书或继续教育培训经历。所以，出现这种情况时，教练必须能提供自己根据现行标准及某些伤害的不可预见性来证明自己的专业水平。

　　理论上，具备资格证书意味着你学习了一些课程，并且经过了测试和评估，已获得执业资格。它能证明你付出了努力、成本和时间来学习，并想学习更多，且已达到熟练程度。但拉宾诺夫认为教练应该不只满足于获得证书，"我建议从事人体运动表现、体育教育、成人健身和训练科学这些领域的任何人，都应该获得学位，无论是取得肆业证书还是四年制学位"。相关项目在每个州的学校里都有提供，旨在培养未来的教练。通过学习这些项目，你能学到大学层面的课程，也可以进行实际操作，还能学习基础知识。获得学位之后，

获得教练资格认证和继续教育很有必要，它们能证明教练有资格教授年轻运动员的体能训练项目

你可以继续努力获得特定专业机构的资格认证。

认证机构是否对获得认证的人的行为负责？"我经常被问到这个问题。"拉宾诺夫说，"我是许多认证机构的董事。如果你只是想通过取得资格证了解一些信息，那么就放手去做吧。但是，如果你想真正学习一项技能，比如监测深蹲姿势是否正确，就要另说了。证书可能不能反映一个人的真实能力，但是你可以通过向持证者提恰当的问题来衡量对方的真正能力。到目前为止，我还没有见过原告律师起诉国家认证机构，但我相信未来这一情况将会有所改变。因为我们慢慢开始发现这些机构在学术上和实践上并不严谨，认证不够严格，并且也未能证明被认证的人真的具备他们承诺的能力。"

但实际上大多数针对个人训练、培训领导者和力量教练的资格认证都不需要考生去实际操作这些技能。"如果一个认证机构认为看完相关视频或者教材，考生就具备教授他人的能力，这必然是不对的。"拉宾诺夫说，"假设一所医学院教学的所有内容都是'虚拟'的，那么你想成为其毕业生的第一个病人吗？你会愿意成为一个从来没有在法庭上辩护过的律师的第一个客户吗？尽管他已经从法学院毕业并且通过了律师资格考试的笔试。你想要一个刚成为牙医的人给你看牙吗？即使他有市场上最新最好的钻头，但没有人真会让他去尝试。我就不会！"

有的保险公司规定，只有成为某一公司的员工后才能购买保险，因为这至少能证明你具有专业资历或参加过专业研讨会。但也有一些保险公司对非公司人员提供个人责任保险，但这样的公司只是少数。此外，仅仅拥有学位或资格证书是远远不够的，你还需要一直关注所从事领域的动态。如果做不到这些，力量房或健身俱乐部就很难支持自己的教练获得必要的技能和能力。

执教现状

我们都知道运动员运动时存在受伤风险。教练必须竭尽所能确保运动员的能力得到提升。但就像拉宾诺夫所说的那样，如果运动员不会前滚翻，那就更不可能会向后翻滚转体。如果运动员仅是体重比较重，并不能代表他已经准备好加入大学校队，如果做不到不喘气跑完20英尺则尤为如此。我们可以通过记录运动员的训练情况来绘制学习曲线，观察运动员体力和心理状态是否达到训练标准。如果不这样监测，运动员就很容易出现受伤的风险。当今教练最常犯的错误之一是急于求成。大多数运动医学的医生都会说，85%的运动员受伤都是由过度训练造成的。这是因为受训者在身体状态还没有准备好时，就急于做超过自己能力的动作。

有些人认为，受伤率最高的运动，如体操或橄榄球，应该被禁止。但如果真这样做了，其他运动项目的风险排名会上升，就会出现新的风险最高的运动。如果继续禁止，可能只有国际象棋能幸免于难了！拉宾诺夫指出，体操并不是很多人所认为的最易受伤的运动，但是体操中发现的损伤往往是最严重的。"也许五年间，高中体操队只发生过一起受伤案例，但这起受伤可能就是颈椎骨折。"他说，"所以学校管理者担心的不仅是受伤率，还有伤害程度。"拉宾诺夫还认为，啦啦队员需要完成高技术、高风险的抛掷动作，而且一般也都缺乏专业认证，因而啦啦队员也存在很高的受伤风险。

另一个问题是有的运动员会带伤训练。通常情况下，受轻伤的足球运动员会重返赛场，尽管最近的学校正在效仿职业球队，制定脑震荡规程，帮助年轻运动员避免潜在的慢性问题。教练应该如何处理这些情况以避免被起诉？这是常识问题。在体育项目中应该有相关人员审查，他们应该对一名运动员是否准备好重返赛场而建言献策，包括运动教练、队医、运动员的私人医生和教练组的工作人员。所有这些人都应该共同决定受伤运动员是否可以上场，并且进行什么级别的比赛或训练。

随着力量训练的普及，力量房也放满了各种各样的器械。销售运动器械的公司经常会免费提供力量房购买的方案。通过使用计算机程序计算，他们会告诉客户如何在力量房摆放器械才能最大化利用空间。但是如果在你的力量房里已经有举重器械，那么你就必须确定实际的可用空间。在此种情况下，设计力量房时可以参考相关的国家标准。

例如，大多数健身器械周围空间的最低标准是2.5到3英尺。但是对于跑步机而言，拉宾诺夫认为应该至少在机器后方留出6英尺，两边至少留出3英尺的空间。他说："我曾见过有的力量房把跑步机排成一行，面对锻炼区，跑步机的末端面对着一堵墙，距墙可能只有1英尺。在这种情况下，我曾三次见过人们从跑步机上摔下来，头撞在墙上而死！如果跑步机之间没有足够的空间，还会出现当一个人上跑步机和另一人下跑步机时，互相碰撞的情况。"合理安排和设计力量房的详情请参考上一章。

经销商在提供器械方面的安全责任是什么？我们认为如果某个东西印上了某个品牌名，那么该品牌公司就需要对这件物品的各个方面负责。如果你在经销某地制造的器械，器械因使用了错误的螺栓型号，导致运动员在使用时造成螺栓断裂，运动员受伤，那么经销商要承担部分责任。这不仅仅是器械制造商的问题，销售员也应对此负一定责任。如果你对器械没有完全了解就进行销售，那就造成了欺骗，有不少经销商为此而被起诉。

人们普遍的误解是健身器械比自由重量更安全。拉宾诺夫参与的诉讼案件中，约有95%都与健身器械有关。"过去35年，我得出了如下结论：大多数运动员会担心自由重量掉下砸伤自己，所以选择自由重量时就会比较小心谨慎。""大多数运动员认为这些事情不会发生在自己身上，所以就会缺乏安全意识，或承受超额负重。人们似乎对健身器械产生了一种误解，认为使用健身器械很安全，但实际上，健身器械并不是固定不动的，只要操作器械，运动员就有可能受伤。所以，在使用器械时，你必须正确地安装安全扣，阅读警告标志，并遵循产品使用说明。这就是器械制造商会越来越用心制造指示牌和警告说明的原因。可能大多数人都认为，在沉重的器械和自己之间，调整自己会更容易，能使自己更不易受伤。器械制造商和力量房老板都需要采取措施以确保自己的

健身器械摆放杂乱，维护不当会增加运动员受伤的风险

运动员能意识到这些危险。"

　　BFS项目向运动员推荐运动装备时都会比较谨慎，因为并不是所有的运动和训练方法都适用于任何人。例如，只有当你把弹力带绑在杠铃上做卧推时，你才会明白在锻炼肌肉群时，弹力带会发挥怎样的作用。此外，拉宾诺夫认为，教练不应允许运动员在不了解器械安全操作的情况下使用任何健身器械，"我曾经遇到过两例运动员因使用史密斯机而四肢瘫痪的情况"。有些人认为取下杠铃的过程，以及双手前后旋转把杠铃放回杠铃架上的过程不存在安全隐患。但其实不然！这只是使用器械的过程，因为你在用史密斯机练习时，必须要先取下杠铃，并将其放回杠铃架。史密斯机的安全机制是其底部的可调节制动装置。如果你的史密斯机没有可调节的制动装置，那么该器械就存在安全隐患。

　　你不能总是把受伤归咎于运动器械。如果运动员受伤是因为不知道如何使用器械，那么你就可以责怪任何让运动员使用那台器械的人；或者你可以将责任归咎到运动员身上，因为他们知道正确的操作方法，但却没有遵守要求。但如果是器械有缺陷，则是制造商的问题。

　　在高中阶段，上力量训练课程的学生多，老师少。许多学校常因资金不够而不去维护器械。但很多教练（老师）并没有认识到这些问题，并采取相应的安全措施，导致最后出现学生受伤，教练被起诉的情况。作为教练、老师、管理人员和俱乐部老板，我们最起码应尽可能降低运动员受伤的概率及我们被起诉的概率，并确保力量房每天都能制定出比昨天更高的安全标准，每天都有进步。

第17章

体能训练的技术

如果一项技术无法测量，就无法管理；无法管理，就很难达成。这是BFS项目从一开始就遵从的座右铭，因为我们明白，持续获得训练效果的一个关键是每次都设定目标。BFS项目有其传统的记录日志，虽然它能发挥效用，但随着技术的发展，教练可以使用更高效的方法管理项目。

BFS项目的"组数-次数日志"是一个很好的训练工具，使运动员能准确地衡量自己的进步，并为自己下一个训练设定具体的目标。如果使用得当，该系统能最大限度地激励运动员在每一次训练中都力求达到个人最好水平。然而，手动记录系统很耗时，尤其是教练想要密切关注所有运动员的进步——换言之，关注团队的整体进步时，会更耗时。基于这些原因，教练应考虑使用计算机程序，以使训练项目更为高效。

教练当然可以使用Excel等程序为运动员建立记录系统。但BFS开发了一个更好的软件，不仅可以记录运动员的训练情况，还可以自动规划以后的训练。这个创新的软件可以激励运动员超额完成训练，带来意想不到的好处。这启发BFS的计算机编程主管查德·诺利（Richard Knowley）将这个软件命名为"战胜计算机（Beat the Computer）"。

"战胜计算机"软件很成功，把教练们从辛苦的管理工作中解放了出来。随后，BFS项目决定升级它，使其能呈现出个人和团队的训练报告，从而使教练不仅可以将自己的运动员与其他团队的相比较，还可以与更优秀的运动员和BFS国家标准相比较。这让理查德·诺利研发出了运动成就软件（Athletic

Achievement Software），该软件最终和"战胜计算机"软件相结合，成为升级版本。

随着科技的不断发展，可以将BFS这样的训练项目录入到软件中，并下载到手机和平板电脑上

　　这个最新软件的首要目标是呈现运动员在BFS主要练习项目和现场测试中的进步情况。报告由三部分组成：铁人三项排名、爆发力排名和运动建议。

　　铁人三项排名和爆发力排名分别展示运动员在关键举重和现场测试中的表现。根据国家标准、运动员所在的年级和在学校的排名，得分被转换为点值，形成排名。报告还为运动员提供了基于前两项数据的运动建议，如更加注重饮食或提升柔韧性。

　　使用这个软件的另一个目标是帮助运动员将自己的表现与团队现在和过去的个人最佳表现做比较。运动员可以选择打印包含当前团队关键举重和现场测试最佳表现前10名结果的报告，也可以选择打印包含学校历史最佳表现前10名结果的报告。

　　我们还使用BFS项目的"组数–次数日志"应用程序提升BFS项目的管

理效率，它使教练不再需要书面记录内容。它的作用与我们的"组数-次数日志"相同，教练可以用该程序来指导运动员，使运动员能确切地知道该做哪项举重练习及完成多少次重复组数和次数。然而，和BFS"战胜计算机"软件不同的是，每组动作举起的重量取决于运动员个人过去的表现，这使运动员为自己的计划承担更多的责任。以下是这款应用软件的几个具体功能。

- 运动员可以提前看到自己的每周训练计划，包括针对所有运动项目建议的举重练习。
  - 运动员可以在手机或平板电脑上输入他们的举重成绩，并快速了解他们打破了多少次纪录及他们的提升趋势。
  - 方便运动员查看他们以前的举重成绩。
- 教练可在任何一天使用任何举重练习和对应重量来形成每周计划。
- 教练对所有团队和运动员的情况一目了然，包括分数、打破的纪录及任何一个运动员或整个团队的变化趋势。

监督运动员的教练人数没有限制。不同版本之间唯一不同的是允许添加的运动员的数量，升级版可以添加的数量更多。使用这个程序需要联网，还需要填写管理员、教练和运动员的电子邮件地址（可以是任一有效的电子邮件地址）。这个程序可以在计算机、平板电脑和智能手机上任何标准的网页浏览器中运行。另外，可以在任何能联网的地方访问程序和互联网数据。

随着力量训练课程的日益流行，教练所承担的责任也越来越多。BFS项目希望在不降低训练质量的情况下，找到更有效的激励运动员、监测他们的进步并减少书面工作的方式。使用"战胜计算机"软件和"组数-次数日志"应用程序便可实现这一目标。

基于大量研究和指导成千上万运动员的实践，我们认为我们找到了正确的方法。BFS项目适用于所有年轻运动员，以及需要指导大量运动员的教练和体育教育者。这意味着BFS项目不是今天适用明天过时的项目，而是经受住了过去40年的考验，受广大运动员欢迎且效果显著的项目。加入BFS团队，记录并分享你的经历！

附录

辅助举重

举重	举重	举重	举重	举重
组数与次数	组数与次数	组数与次数	组数与次数	组数与次数
日期	日期	日期	日期	日期
重量	重量	重量	重量	重量
组数与次数	组数与次数	组数与次数	组数与次数	组数与次数
日期	日期	日期	日期	日期
重量	重量	重量	重量	重量
组数与次数	组数与次数	组数与次数	组数与次数	组数与次数
日期	日期	日期	日期	日期
重量	重量	重量	重量	重量
组数与次数	组数与次数	组数与次数	组数与次数	组数与次数
日期	日期	日期	日期	日期
重量	重量	重量	重量	重量
组数与次数	组数与次数	组数与次数	组数与次数	组数与次数
日期	日期	日期	日期	日期
重量	重量	重量	重量	重量
组数与次数	组数与次数	组数与次数	组数与次数	组数与次数
日期	日期	日期	日期	日期
重量	重量	重量	重量	重量
组数与次数	组数与次数	组数与次数	组数与次数	组数与次数
日期	日期	日期	日期	日期
重量	重量	重量	重量	重量

记录主要的辅助举重及其组数、次数、重量和日期。随着重量、时间和距离等方面的进阶，持续更新表格。还有更多辅助举重及其纪录等着你打破。无须记录腿弯举、前腿肌伸展、直腿硬拉和器械腿臀起。

垂直跳跃		立定跳远		坐姿体前屈		BFS点式训练		20码速度跑		40码速度跑	
日期	高度	日期	长度	日期	英寸	日期	时间	日期	时间	日期	时间
日期	高度	日期	长度	日期	英寸	日期	时间	日期	时间	日期	时间
日期	高度	日期	长度	日期	英寸	日期	时间	日期	时间	日期	时间
日期	高度	日期	长度	日期	英寸	日期	时间	日期	时间	日期	时间
日期	高度	日期	长度	日期	英寸	日期	时间	日期	时间	日期	时间
日期	高度	日期	长度	日期	英寸	日期	时间	日期	时间	日期	时间
日期	高度	日期	长度	日期	英寸	日期	时间	日期	时间	日期	时间
日期	高度	日期	长度	日期	英寸	日期	时间	日期	时间	日期	时间
日期	高度	日期	长度	日期	英寸	日期	时间	日期	时间	日期	时间

第一周 3×3		BFS 记录组数 箱式深蹲 或深蹲变式		第四周 10-8-6	
3	日期			10	日期
3	体重			8	体重
3+	额外次数			6+	额外次数
	组数总计				组数总计
3	日期			10	日期
3	体重			8	体重
3+	额外次数			6+	额外次数
	组数总计	**第二周 5×5**	**第三周 5-4-3-2-1**		组数总计
3	日期			10	日期
3	体重	5 日期 / 5 日期	5 日期 / 5 日期	8	体重
3+	额外次数	5 / 5	4 / 4	6+	额外次数
	组数总计	5 体重 / 5 体重	3 体重 / 3 体重		组数总计
3	日期	5 / 5	2 / 2	10	日期
3	体重	5+ 额外次数 / 5+ 额外次数	1+ 额外次数 / 1+ 额外次数	8	体重
3+	额外次数	组数总计 / 组数总计	组数总计 / 组数总计	6+	额外次数
	组数总计	5 日期 / 5 日期	5 日期 / 5 日期		组数总计
3	日期	5 / 5	4 / 4	10	日期
3	体重	5 体重 / 5 体重	3 体重 / 3 体重	8	体重
3+	额外次数	5 / 5	2 / 2	6+	额外次数
	组数总计	5+ 额外次数 / 5+ 额外次数	1+ 额外次数 / 1+ 额外次数		组数总计
3	日期	组数总计 / 组数总计	组数总计 / 组数总计	10	日期
3	体重	5 日期 / 5 日期	5 日期 / 5 日期	8	体重
3+	额外次数	5 / 5	4 / 4	6+	额外次数
	组数总计	5 体重 / 5 体重	3 体重 / 3 体重		组数总计
3	日期	5 / 5	2 / 2	10	日期
3	体重	5+ 额外次数 / 5+ 额外次数	1+ 额外次数 / 1+ 额外次数	8	体重
3+	额外次数	组数总计 / 组数总计	组数总计 / 组数总计	6+	额外次数
	组数总计	5 日期 / 5 日期	5 日期 / 5 日期		组数总计
3	日期	5 / 5	4 / 4	10	日期
3	体重	5 体重 / 5 体重	3 体重 / 3 体重	8	体重
3+	额外次数	5 / 5	2 / 2	6+	额外次数
	组数总计	5+ 额外次数 / 5+ 额外次数	1+ 额外次数 / 1+ 额外次数		组数总计
3	日期	组数总计 / 组数总计	组数总计 / 组数总计	10	日期
3	体重	5 日期 / 5 日期	5 日期 / 5 日期	8	体重
3+	额外次数	5 / 5	5 / 4	6+	额外次数
	组数总计	5 体重 / 5 体重	5 体重 / 3 体重		组数总计
3	日期	5 / 5	5 / 2	10	日期
3	体重	5+ 额外次数 / 5+ 额外次数	5+ 额外次数 / 1+ 额外次数	8	体重
3+	额外次数			6+	额外次数
	组数总计	组数总计 / 组数总计	组数总计 / 组数总计		组数总计

记录箱式深蹲或深蹲变式的次数

次数	设定纪录	第1次破纪录	第2次破纪录	第3次破纪录	第4次破纪录	第5次破纪录	第6次破纪录	第7次破纪录	第8次破纪录	第9次破纪录	第10次破纪录	第11次破纪录	第12次破纪录	第13次破纪录	第14次破纪录
1	日期	日期	日期	日期	日期	日期	日期	日期	日期	日期	日期	日期	日期	日期	日期
	重量	重量	重量	重量	重量	重量	重量	重量	重量	重量	重量	重量	重量	重量	重量
2	日期	日期	日期	日期	日期	日期	日期	日期	日期	日期	日期	日期	日期	日期	日期
	重量	重量	重量	重量	重量	重量	重量	重量	重量	重量	重量	重量	重量	重量	重量
3	日期	日期	日期	日期	日期	日期	日期	日期	日期	日期	日期	日期	日期	日期	日期
	重量	重量	重量	重量	重量	重量	重量	重量	重量	重量	重量	重量	重量	重量	重量
4	日期	日期	日期	日期	日期	日期	日期	日期	日期	日期	日期	日期	日期	日期	日期
	重量	重量	重量	重量	重量	重量	重量	重量	重量	重量	重量	重量	重量	重量	重量
5	日期	日期	日期	日期	日期	日期	日期	日期	日期	日期	日期	日期	日期	日期	日期
	重量	重量	重量	重量	重量	重量	重量	重量	重量	重量	重量	重量	重量	重量	重量
6	日期	日期	日期	日期	日期	日期	日期	日期	日期	日期	日期	日期	日期	日期	日期
	重量	重量	重量	重量	重量	重量	重量	重量	重量	重量	重量	重量	重量	重量	重量
8	日期	日期	日期	日期	日期	日期	日期	日期	日期	日期	日期	日期	日期	日期	日期
	重量	重量	重量	重量	重量	重量	重量	重量	重量	重量	重量	重量	重量	重量	重量
10	日期	日期	日期	日期	日期	日期	日期	日期	日期	日期	日期	日期	日期	日期	日期
	重量	重量	重量	重量	重量	重量	重量	重量	重量	重量	重量	重量	重量	重量	重量

第一周　3×3　　　　　　　　　　　　　　　　　　**第四周　10-8-6**

BFS　记录组数　**毛巾卧推**　或卧推变式

第二周　5×5　　　　　**第三周　5-4-3-2-1**

第一周 3×3		第二周 5×5				第三周 5-4-3-2-1				第四周 10-8-6	
3	日期									10	日期
3	体重									8	体重
3+	额外次数									6+	额外次数
	组数总计										组数总计
3	日期									10	日期
3	体重									8	体重
3+	额外次数	5	日期	5	日期	5	日期	5	日期	6+	额外次数
	组数总计	5		5		4		4			组数总计
3	日期	5	体重	5	体重	3	体重	3	体重	10	日期
3	体重	5		5		2		2		8	体重
3+	额外次数	5+	额外次数	5+	额外次数	1+	额外次数	1+	额外次数	6+	额外次数
	组数总计		组数总计		组数总计		组数总计		组数总计		组数总计
3	日期	5	日期	5	日期	5	日期	5	日期	10	日期
3	体重	5		5		4		4		8	体重
3+	额外次数	5	体重	5	体重	3	体重	3	体重	6+	额外次数
	组数总计	5		5		2		2			组数总计
3	日期	5+	额外次数	5+	额外次数	1+	额外次数	1+	额外次数	10	日期
3	体重		组数总计		组数总计		组数总计		组数总计	8	体重
3+	额外次数	5	日期	5	日期	5	日期	5	日期	6+	额外次数
	组数总计	5		5		4		4			组数总计
3	日期	5	体重	5	体重	3	体重	3	体重	10	日期
3	体重	5		5		2		2		8	体重
3+	额外次数	5+	额外次数	5+	额外次数	1+	额外次数	1+	额外次数	6+	额外次数
	组数总计		组数总计		组数总计		组数总计		组数总计		组数总计
3	日期	5	日期	5	日期	5	日期	5	日期	10	日期
3	体重	5		5		4		4		8	体重
3+	额外次数	5	体重	5	体重	3	体重	3	体重	6+	额外次数
	组数总计	5		5		2		2			组数总计
3	日期	5+	额外次数	5+	额外次数	1+	额外次数	1+	额外次数	10	日期
3	体重		组数总计		组数总计		组数总计		组数总计	8	体重
3+	额外次数	5	日期	5	日期	5	日期	5	日期	6+	额外次数
	组数总计	5		5		5		4			组数总计
3	日期	5	体重	5	体重	5	体重	3	体重	10	日期
3	体重	5		5		5		2		8	体重
3+	额外次数	5+	额外次数	5+	额外次数	5+	额外次数	1+	额外次数	6+	额外次数
	组数总计		组数总计		组数总计		组数总计		组数总计		组数总计

记录毛巾卧推或卧推变式的次数

次数	设定纪录	第1次破纪录	第2次破纪录	第3次破纪录	第4次破纪录	第5次破纪录	第6次破纪录	第7次破纪录	第8次破纪录	第9次破纪录	第10次破纪录	第11次破纪录	第12次破纪录	第13次破纪录	第14次破纪录
1	日期	日期	日期	日期	日期	日期	日期	日期	日期	日期	日期	日期	日期	日期	日期
	重量	重量	重量	重量	重量	重量	重量	重量	重量	重量	重量	重量	重量	重量	重量
2	日期	日期	日期	日期	日期	日期	日期	日期	日期	日期	日期	日期	日期	日期	日期
	重量	重量	重量	重量	重量	重量	重量	重量	重量	重量	重量	重量	重量	重量	重量
3	日期	日期	日期	日期	日期	日期	日期	日期	日期	日期	日期	日期	日期	日期	日期
	重量	重量	重量	重量	重量	重量	重量	重量	重量	重量	重量	重量	重量	重量	重量
4	日期	日期	日期	日期	日期	日期	日期	日期	日期	日期	日期	日期	日期	日期	日期
	重量	重量	重量	重量	重量	重量	重量	重量	重量	重量	重量	重量	重量	重量	重量
5	日期	日期	日期	日期	日期	日期	日期	日期	日期	日期	日期	日期	日期	日期	日期
	重量	重量	重量	重量	重量	重量	重量	重量	重量	重量	重量	重量	重量	重量	重量
6	日期	日期	日期	日期	日期	日期	日期	日期	日期	日期	日期	日期	日期	日期	日期
	重量	重量	重量	重量	重量	重量	重量	重量	重量	重量	重量	重量	重量	重量	重量
8	日期	日期	日期	日期	日期	日期	日期	日期	日期	日期	日期	日期	日期	日期	日期
	重量	重量	重量	重量	重量	重量	重量	重量	重量	重量	重量	重量	重量	重量	重量
10	日期	日期	日期	日期	日期	日期	日期	日期	日期	日期	日期	日期	日期	日期	日期
	重量	重量	重量	重量	重量	重量	重量	重量	重量	重量	重量	重量	重量	重量	重量

第一周 3×3　　　　　　　　　　　　　　　　　　　　**第四周 4-4-2**

BFS　记录组数　高翻

第二周 5×5　　　　**第三周 5-4-3-2-1**

第一周 3×3

3	日期
3	体重
3+	额外次数
	组数总计
3	日期
3	体重
3+	额外次数
	组数总计
3	日期
3	体重
3+	额外次数
	组数总计
3	日期
3	体重
3+	额外次数
	组数总计
3	日期
3	体重
3+	额外次数
	组数总计
3	日期
3	体重
3+	额外次数
	组数总计
3	日期
3	体重
3+	额外次数
	组数总计

第四周 4-4-2

4	日期
4	体重
2+	额外次数
	组数总计
4	日期
4	体重
2+	额外次数
	组数总计
4	日期
4	体重
2+	额外次数
	组数总计
4	日期
4	体重
2+	额外次数
	组数总计
4	日期
4	体重
2+	额外次数
	组数总计
4	日期
4	体重
2+	额外次数
	组数总计
4	日期
4	体重
2+	额外次数
	组数总计

第二周 5×5

5	日期	5	日期
5	体重	5	体重
5		5	
5+	额外次数	5+	额外次数
	组数总计		组数总计
5	日期	5	日期
5	体重	5	体重
5		5	
5+	额外次数	5+	额外次数
	组数总计		组数总计
5	日期	5	日期
5	体重	5	体重
5		5	
5+	额外次数	5+	额外次数
	组数总计		组数总计
5	日期	5	日期
5	体重	5	体重
5		5	
5+	额外次数	5+	额外次数
	组数总计		组数总计

第三周 5-4-3-2-1

5	日期	5	日期
4	体重	4	体重
3		3	
2		2	
1+	额外次数	1+	额外次数
	组数总计		组数总计
5	日期	5	日期
4	体重	4	体重
3		3	
2		2	
1+	额外次数	1+	额外次数
	组数总计		组数总计
5	日期	5	日期
4	体重	4	体重
3		3	
2		2	
1+	额外次数	1+	额外次数
	组数总计		组数总计
5	日期	5	日期
5	体重	4	体重
5		2	
5+	额外次数	1+	额外次数
	组数总计		组数总计

BFS BIGGER FASTER STRONGER

记录高翻次数

次数	设定纪录	第1次破纪录	第2次破纪录	第3次破纪录	第4次破纪录	第5次破纪录	第6次破纪录	第7次破纪录	第8次破纪录	第9次破纪录	第10次破纪录	第11次破纪录	第12次破纪录	第13次破纪录	第14次破纪录
1	日期	日期	日期	日期	日期	日期	日期	日期	日期	日期	日期	日期	日期	日期	日期
	重量	重量	重量	重量	重量	重量	重量	重量	重量	重量	重量	重量	重量	重量	重量
2	日期	日期	日期	日期	日期	日期	日期	日期	日期	日期	日期	日期	日期	日期	日期
	重量	重量	重量	重量	重量	重量	重量	重量	重量	重量	重量	重量	重量	重量	重量
3	日期	日期	日期	日期	日期	日期	日期	日期	日期	日期	日期	日期	日期	日期	日期
	重量	重量	重量	重量	重量	重量	重量	重量	重量	重量	重量	重量	重量	重量	重量
4	日期	日期	日期	日期	日期	日期	日期	日期	日期	日期	日期	日期	日期	日期	日期
	重量	重量	重量	重量	重量	重量	重量	重量	重量	重量	重量	重量	重量	重量	重量
5	日期	日期	日期	日期	日期	日期	日期	日期	日期	日期	日期	日期	日期	日期	日期
	重量	重量	重量	重量	重量	重量	重量	重量	重量	重量	重量	重量	重量	重量	重量

BFS 记录组数 — 六角杠硬拉

第一周 3×3		第二周 5×5		第三周 5-4-3-2-1		第四周 4-4-2	
3	日期					4	日期
3	体重					4	体重
3+	额外次数					2+	额外次数
	组数总计						组数总计
3	日期					4	日期
3	体重					4	体重
3+	额外次数					2+	额外次数
	组数总计						组数总计
3	日期	5	日期	5	日期	4	日期
3	体重	5	5	4	4	4	体重
3+	额外次数	5	体重 5	3 体重	3 体重	2+	额外次数
	组数总计	5	5	2	2		组数总计
3	日期	5+ 额外次数	5+ 额外次数	1+ 额外次数	1+ 额外次数	4	日期
3	体重	组数总计	组数总计	组数总计	组数总计	4	体重
3+	额外次数	5 日期	5 日期	5 日期	5 日期	2+	额外次数
	组数总计	5	5	4	4		组数总计
3	日期	5 体重	5 体重	3 体重	3 体重	4	日期
3	体重	5	5	2	2	4	体重
3+	额外次数	5+ 额外次数	5+ 额外次数	1+ 额外次数	1+ 额外次数	2+	额外次数
	组数总计	组数总计	组数总计	组数总计	组数总计		组数总计
3	日期	5 日期	5 日期	5 日期	5 日期	4	日期
3	体重	5	5	4	4	4	体重
3+	额外次数	5 体重	5 体重	3 体重	3 体重	2+	额外次数
	组数总计	5	5	2	2		组数总计
3	日期	5+ 额外次数	5+ 额外次数	1+ 额外次数	1+ 额外次数	4	日期
3	体重	组数总计	组数总计	组数总计	组数总计	4	体重
3+	额外次数	5 日期	5 日期	5 日期	5 日期	2+	额外次数
	组数总计	5	5	5	4		组数总计
3	日期	5 体重	5 体重	5 体重	3 体重	4	日期
3	体重	5	5	5	2	4	体重
3+	额外次数	5+ 额外次数	5+ 额外次数	5+ 额外次数	1+ 额外次数	2+	额外次数
	组数总计	组数总计	组数总计	组数总计	组数总计		组数总计

BFS

记录六角杠硬拉的次数

次数	设定纪录	第1次破纪录	第2次破纪录	第3次破纪录	第4次破纪录	第5次破纪录	第6次破纪录	第7次破纪录	第8次破纪录	第9次破纪录	第10次破纪录	第11次破纪录	第12次破纪录	第13次破纪录	第14次破纪录
1	日期	日期	日期	日期	日期	日期	日期	日期	日期	日期	日期	日期	日期	日期	日期
	重量	重量	重量	重量	重量	重量	重量	重量	重量	重量	重量	重量	重量	重量	重量
2	日期	日期	日期	日期	日期	日期	日期	日期	日期	日期	日期	日期	日期	日期	日期
	重量	重量	重量	重量	重量	重量	重量	重量	重量	重量	重量	重量	重量	重量	重量
3	日期	日期	日期	日期	日期	日期	日期	日期	日期	日期	日期	日期	日期	日期	日期
	重量	重量	重量	重量	重量	重量	重量	重量	重量	重量	重量	重量	重量	重量	重量
4	日期	日期	日期	日期	日期	日期	日期	日期	日期	日期	日期	日期	日期	日期	日期
	重量	重量	重量	重量	重量	重量	重量	重量	重量	重量	重量	重量	重量	重量	重量
5	日期	日期	日期	日期	日期	日期	日期	日期	日期	日期	日期	日期	日期	日期	日期
	重量	重量	重量	重量	重量	重量	重量	重量	重量	重量	重量	重量	重量	重量	重量

第一周 3×3		BFS 记录组数 深蹲	第四周 10-8-6	
3	日期	BIGGER FASTER STRONGER	10	日期
3	体重		8	体重
3+	额外次数		6+	额外次数
	组数总计			组数总计
3	日期		10	日期
3	体重		8	体重
3+	额外次数		6+	额外次数

第一周		第二周 5×5			第三周 5-4-3-2-1				第四周	
	组数总计									组数总计
3	日期	5	日期	5	日期	5	日期	5	10	日期
3	体重	5		5		5		5	8	体重
3+	额外次数	5		5		4		4	6+	额外次数
	组数总计	5	体重	5	体重	3	体重	3	体重		组数总计
3	日期	5		5		2		2	10	日期
3	体重	5+	额外次数	5+	额外次数	1+	额外次数	1+	额外次数	8	体重
3+	额外次数		组数总计		组数总计		组数总计		组数总计	6+	额外次数
	组数总计	5	日期	5	日期	5	日期	5	日期		
3	日期	5		5		4		4	10	日期
3	体重	5	体重	5	体重	3	体重	3	体重	8	体重
3+	额外次数	5		5		2		2	6+	额外次数
	组数总计	5+	额外次数	5+	额外次数	1+	额外次数	1+	额外次数		组数总计
3	日期		组数总计		组数总计		组数总计		组数总计	10	日期
3	体重	5	日期	5	日期	5	日期	5	日期	8	体重
3+	额外次数	5		5		4		4	6+	额外次数
	组数总计	5	体重	5	体重	3	体重	3	体重		
3	日期	5		5		2		2	10	日期
3	体重	5+	额外次数	5+	额外次数	1+	额外次数	1+	额外次数	8	体重
3+	额外次数		组数总计		组数总计		组数总计		组数总计	6+	额外次数
	组数总计	5	日期	5	日期	5	日期	5	日期		组数总计
3	日期	5		5		4		4	10	日期
3	体重	5	体重	5	体重	3	体重	3	体重	8	体重
3+	额外次数	5		5		2		2	6+	额外次数
	组数总计	5+	额外次数	5+	额外次数	1+	额外次数	1+	额外次数		
3	日期		组数总计		组数总计		组数总计		组数总计	10	日期
3	体重	5	日期	5	日期	5	日期	5	日期	8	体重
3+	额外次数	5		5		5		4	6+	额外次数
	组数总计	5	体重	5	体重	5	体重	3	体重		
3	日期	5		5		5		2	10	日期
3	体重	5+	额外次数	5+	额外次数	5+	额外次数	1+	额外次数	8	体重
3+	额外次数									6+	额外次数
	组数总计		组数总计		组数总计		组数总计		组数总计		组数总计

记录深蹲次数

次数	设定纪录	第1次破纪录	第2次破纪录	第3次破纪录	第4次破纪录	第5次破纪录	第6次破纪录	第7次破纪录	第8次破纪录	第9次破纪录	第10次破纪录	第11次破纪录	第12次破纪录	第13次破纪录	第14次破纪录
1	日期	日期	日期	日期	日期	日期	日期	日期	日期	日期	日期	日期	日期	日期	日期
1	重量	重量	重量	重量	重量	重量	重量	重量	重量	重量	重量	重量	重量	重量	重量
2	日期	日期	日期	日期	日期	日期	日期	日期	日期	日期	日期	日期	日期	日期	日期
2	重量	重量	重量	重量	重量	重量	重量	重量	重量	重量	重量	重量	重量	重量	重量
3	日期	日期	日期	日期	日期	日期	日期	日期	日期	日期	日期	日期	日期	日期	日期
3	重量	重量	重量	重量	重量	重量	重量	重量	重量	重量	重量	重量	重量	重量	重量
4	日期	日期	日期	日期	日期	日期	日期	日期	日期	日期	日期	日期	日期	日期	日期
4	重量	重量	重量	重量	重量	重量	重量	重量	重量	重量	重量	重量	重量	重量	重量
5	日期	日期	日期	日期	日期	日期	日期	日期	日期	日期	日期	日期	日期	日期	日期
5	重量	重量	重量	重量	重量	重量	重量	重量	重量	重量	重量	重量	重量	重量	重量
6	日期	日期	日期	日期	日期	日期	日期	日期	日期	日期	日期	日期	日期	日期	日期
6	重量	重量	重量	重量	重量	重量	重量	重量	重量	重量	重量	重量	重量	重量	重量
8	日期	日期	日期	日期	日期	日期	日期	日期	日期	日期	日期	日期	日期	日期	日期
8	重量	重量	重量	重量	重量	重量	重量	重量	重量	重量	重量	重量	重量	重量	重量
10	日期	日期	日期	日期	日期	日期	日期	日期	日期	日期	日期	日期	日期	日期	日期
10	重量	重量	重量	重量	重量	重量	重量	重量	重量	重量	重量	重量	重量	重量	重量

第一周 3×3									第四周 10-8-6	
3	日期			**BFS** 记录组数					10	日期
3	体重			**卧推**					8	体重
3+	额外次数								6+	额外次数
	组数总计									组数总计
3	日期								10	日期
3	体重								8	体重
3+	额外次数								6+	额外次数
	组数总计	第二周 5×5				第三周 5-4-3-2-1				组数总计
3	日期								10	日期
3	体重	5	日期	5	日期	5	日期	5	日期	8	体重
3+	额外次数	5		5		4		4		6+	额外次数
	组数总计	5	体重	5	体重	3	体重	3	体重		组数总计
3	日期	5		5		2		2		10	日期
3	体重	5+	额外次数	5+	额外次数	1+	额外次数	1+	额外次数	8	体重
3+	额外次数		组数总计		组数总计		组数总计		组数总计	6+	额外次数
	组数总计	5	日期	5	日期	5	日期	5	日期		组数总计
3	日期	5		5		4		4		10	日期
3	体重	5	体重	5	体重	3	体重	3	体重	8	体重
3+	额外次数	5		5		2		2		6+	额外次数
	组数总计	5+	额外次数	5+	额外次数	1+	额外次数	1+	额外次数		组数总计
3	日期		组数总计		组数总计		组数总计		组数总计	10	日期
3	体重	5	日期	5	日期	5	日期	5	日期	8	体重
3+	额外次数	5		5		4		4		6+	额外次数
	组数总计	5	体重	5	体重	3	体重	3	体重		组数总计
3	日期	5		5		2		2		10	日期
3	体重	5+	额外次数	5+	额外次数	1+	额外次数	1+	额外次数	8	体重
3+	额外次数		组数总计		组数总计		组数总计		组数总计	6+	额外次数
	组数总计	5	日期	5	日期	5	日期	5	日期		组数总计
3	日期	5		5		4		4		10	日期
3	体重	5	体重	5	体重	3	体重	3	体重	8	体重
3+	额外次数	5		5		2		2		6+	额外次数
	组数总计	5+	额外次数	5+	额外次数	1+	额外次数	1+	额外次数		组数总计
3	日期		组数总计		组数总计		组数总计		组数总计	10	日期
3	体重	5	日期	5	日期	5	日期	5	日期	8	体重
3+	额外次数	5		5		5		4		6+	额外次数
	组数总计	5	体重	5	体重	5	体重	3	体重		组数总计
3	日期	5		5		5		2		10	日期
3	体重	5+	额外次数	5+	额外次数	5+	额外次数	1+	额外次数	8	体重
3+	额外次数									6+	额外次数
	组数总计		组数总计		组数总计		组数总计		组数总计		组数总计

记录卧推次数

次数	设定纪录	第1次破纪录	第2次破纪录	第3次破纪录	第4次破纪录	第5次破纪录	第6次破纪录	第7次破纪录	第8次破纪录	第9次破纪录	第10次破纪录	第11次破纪录	第12次破纪录	第13次破纪录	第14次破纪录
1	日期	日期	日期	日期	日期	日期	日期	日期	日期	日期	日期	日期	日期	日期	日期
	重量	重量	重量	重量	重量	重量	重量	重量	重量	重量	重量	重量	重量	重量	重量
2	日期	日期	日期	日期	日期	日期	日期	日期	日期	日期	日期	日期	日期	日期	日期
	重量	重量	重量	重量	重量	重量	重量	重量	重量	重量	重量	重量	重量	重量	重量
3	日期	日期	日期	日期	日期	日期	日期	日期	日期	日期	日期	日期	日期	日期	日期
	重量	重量	重量	重量	重量	重量	重量	重量	重量	重量	重量	重量	重量	重量	重量
4	日期	日期	日期	日期	日期	日期	日期	日期	日期	日期	日期	日期	日期	日期	日期
	重量	重量	重量	重量	重量	重量	重量	重量	重量	重量	重量	重量	重量	重量	重量
5	日期	日期	日期	日期	日期	日期	日期	日期	日期	日期	日期	日期	日期	日期	日期
	重量	重量	重量	重量	重量	重量	重量	重量	重量	重量	重量	重量	重量	重量	重量
6	日期	日期	日期	日期	日期	日期	日期	日期	日期	日期	日期	日期	日期	日期	日期
	重量	重量	重量	重量	重量	重量	重量	重量	重量	重量	重量	重量	重量	重量	重量
8	日期	日期	日期	日期	日期	日期	日期	日期	日期	日期	日期	日期	日期	日期	日期
	重量	重量	重量	重量	重量	重量	重量	重量	重量	重量	重量	重量	重量	重量	重量
10	日期	日期	日期	日期	日期	日期	日期	日期	日期	日期	日期	日期	日期	日期	日期
	重量	重量	重量	重量	重量	重量	重量	重量	重量	重量	重量	重量	重量	重量	重量

记录目标表格

为了合理使用记录目标表格，请遵循以下说明。在参加整个项目3到4周之后，再开始记录。这段时间之后，才会确切了解自己完成各个项目训练时的实际水平。下一步是确定年底每个项目想要实现的目标，并且在"年终目标"中记录。每月都要设定目标并且努力实现，直到达成"年终目标"。记得记录每个月要达成的目标，帮助自己一直坚持下去。祝好运，记住"天高任鸟飞"。

训练项目	1月	2月	3月	4月	5月	6月	7月	8月	9月	10月	11月	12月	年终目标
卧推	目标	目标	目标	目标	目标	目标	目标	目标	目标	目标	目标	目标	目标
	实际	实际	实际	实际	实际	实际	实际	实际	实际	实际	实际	实际	实际
深蹲	目标	目标	目标	目标	目标	目标	目标	目标	目标	目标	目标	目标	目标
	实际	实际	实际	实际	实际	实际	实际	实际	实际	实际	实际	实际	实际
高翻	目标	目标	目标	目标	目标	目标	目标	目标	目标	目标	目标	目标	目标
	实际	实际	实际	实际	实际	实际	实际	实际	实际	实际	实际	实际	实际
六角杠硬拉	目标	目标	目标	目标	目标	目标	目标	目标	目标	目标	目标	目标	目标
	实际	实际	实际	实际	实际	实际	实际	实际	实际	实际	实际	实际	实际
硬拉	目标	目标	目标	目标	目标	目标	目标	目标	目标	目标	目标	目标	目标
	实际	实际	实际	实际	实际	实际	实际	实际	实际	实际	实际	实际	实际
40码冲刺跑	目标	目标	目标	目标	目标	目标	目标	目标	目标	目标	目标	目标	目标
	实际	实际	实际	实际	实际	实际	实际	实际	实际	实际	实际	实际	实际
20码冲刺跑	目标	目标	目标	目标	目标	目标	目标	目标	目标	目标	目标	目标	目标
	实际	实际	实际	实际	实际	实际	实际	实际	实际	实际	实际	实际	实际
点式训练（敏捷性项目）	目标	目标	目标	目标	目标	目标	目标	目标	目标	目标	目标	目标	目标
	实际	实际	实际	实际	实际	实际	实际	实际	实际	实际	实际	实际	实际
立定跳远	目标	目标	目标	目标	目标	目标	目标	目标	目标	目标	目标	目标	目标
	实际	实际	实际	实际	实际	实际	实际	实际	实际	实际	实际	实际	实际
垂直跳高	目标	目标	目标	目标	目标	目标	目标	目标	目标	目标	目标	目标	目标
	实际	实际	实际	实际	实际	实际	实际	实际	实际	实际	实际	实际	实际

参考文献

Arabatzi, F., and E. Kellis. 2009. Biomechanical analysis of Snatch movement and Vertical Jump: Similarities and Differences. *Hellenic J Phys Educ & Sport Sci*, 29(2): 185–199.

Caine, J.C., Caine, C.G., Lindner, K.J. 2005. *Epidemiology of Sports Injuries*. Champaign, IL: Human Kinetics.

Camara, K.D., J.W. Coburn, D.D. Dunnick, L.E. Brown, A.J. Galpin, and P.B. Costa. 2016. An examination of muscle activation and power characteristics while performing the deadlift exercise with straight and hexagonal barbells. *Journal of Strength and Conditioning Research* 30(5): 1183–1188.

Faigenbaum, A.D., Kraemer, W.J., Blimkie, C.J.R., Jeffreys, I., Micheli, L.J., Nitka, M., and Rowland, T.W. 2009. Youth Resistance Training: Updated Position Statement Paper From the National Strength and Conditioning Association. *The Journal of Strength and Conditioning Research*. National Strength and Conditioning Association.

Green, C.M., Comfort, P. The Effect of Grip Width on Bench Press Performance and Risk of Injury. 2007. *J Strength and Conditioning Res* Oct; 29(5): 10–14.

Haff, G.G., Stone, M.H. Methods of Developing Power With Special Reference to Football Players. 2015. *J Strength Cond Res* December; 27(6): 2–16.

Hoffman, J.R., Wendell, M., Kang, J. 2004. Comparison of Olympic vs. traditional power lifting training programs in football players. *J Strength Cond Res* Feb; 18(1): 129–135.

Lewis, C.W., R.B., Cobb, M. Winokur, N. Leech, M. Viney, and W. White. 2003. The effects of full and alternative day block scheduling on language arts and science achievement in a junior high school. *Educational Policy Archives* 11(41).

McBride, J.M., Triplett–McBride, T., Davie, A., and Newton, R.U. 1947. A Comparison of Strength and Power Characteristics Between Power Lifters, Olympic Lifters, and Sprinters. 1999. *J Strength Cond Res* May; 13(1): 58–66.

McCarroll, J.R, 2001. Overuse injuries of the upper extremity in golf. *Clinics in Sports Medicine* 20(3): 469–479.

Posture Committee of the American Academy of Orthopaedic Surgeons. Posture and its relationship to orthopaedic disabilities.

Schlenoff, D. 2012. BFS builds self–esteem. *Bigger Faster Stronger Magazine*, January/February, 26–27.

Selye, H. 1950. Stress and the general adaptation syndrome. *British Medical Journal* (June 17): 1383–1392.

Swinton, P.A., A. Stewart, I. Agouris, J.W. Keogh, and R. Lloyd. 2011. A biomechanical analysis of straight and hexagonal barbell deadlifts using submaximal loads. *Journal of Strength and Conditioning Research* 25(7): 2000–2009.

Swinton, P.A., A.D. Stewart, R. Lloyd, I. Agouris, and J. W. Keogh. 2012. Effect of load positioning on the kinematics and kinetics of weighted vertical jumps. *Journal of Strength and Conditioning Research* 26 (4): 906–913.

Weyand, P.G., and Davis, J.A. 2005. Running performance has a structural basis. *J Exp Bio Jul*; 208(14): 2625–2631.

Weyand, P.G., Sternlight, D.B., and Bellizzi, S.W. 2000. Faster top running speeds are achieved with greater ground forces not more rapid leg movements. *Journal of Applied Physiology* Nov; 89(5): 1991–1999.

Zatsiorsky, Vladimir. 1995. *Science and Practice of Strength Training*. Champaign, IL: Human Kinetics.

作者简介

格雷格·谢泼德（Greg Shepard），教育学博士，是BFS项目的创始人。BFS项目是美国非常受欢迎的体能训练项目。该项目从1975年开始为高中和大学运动员提供力量训练计划。BFS项目有30多名教练，下设300家机构，每年培训成千上万的教练和运动员。谢泼德的*BFS Magazine*拥有50万名教练和运动员读者。

谢泼德取得了俄勒冈大学的运动生理学硕士学位和杨百翰大学的博士学位。他一直是俄勒冈州立大学、俄勒冈大学和杨百翰大学的力量教练，所带领的力量举队曾赢得全美冠军。他在1981年到1997年间担任美国职业篮球联赛（National Basketball Association, NBA）犹他爵士队的力量教练，还是NBA当时唯一的力量教练。

谢泼德现居犹他州的普罗佛市。

金·戈斯（Kim Goss），于1981年到1985年在空军服役，现在是一名体能教练和编辑。他于1987年到1994年在美国空军学院担任力量教练。当时他为足球队和875名大学运动员设计了所有的训练项目。戈斯还经营过一家私人力量房，为许多奥运会运动员提供指导。

1982年到1987年，戈斯担任*Runner's World*的健康和力量专栏的作者和编辑。他于2005年起担任*BFS Magazine*的主编，并于2009年起担任Poliquin Group的主编和研究员。他一共发表了700多篇文章，出版了25本书。

戈斯于1985年取得了加州州立大学海沃德分校新闻与大众传播专业的学士学位，于2009年取得了A.T.斯蒂尔大学人类运动科学专业的硕士学位。现居罗得岛州的东格林尼治。

译者简介

林子易，美国国家体能协会认证体能训练师（CSCS），精英运动表现机构（EPI）一级（Level 1）教练员，Myprotein中国区推广大使；于2017年至2019年担任四川省花样游泳队体能教练，并于2016年至2019年担任成都市女子乙组篮球队体能教练。

蔡旭明，星砼体育创始人，METCON综合体能设备品牌创始人；于2014年3月创办了国内最早的五家CrossFit训练馆之一的Emperor CrossFit训练馆，并和他人一起于2014年10月创办了CrossFit Qiantang训练馆；国内最早通过CrossFit一级（Level 1）教练认证的五人之一，并成为该认证课程的首批官方翻译员；还通过了CrossFit二级（Level 2）、CrossFit耐力（CFE）、CrossFit举重（CFW）、CrossFit划船（CFR）、CrossFit体操（CFG）、CrossFit灵活性（CFM）等多项教练认证。